そこに世界遺産があるから僕は旅に出る

中野康之

風詠社

目次

装幀　２ＤＡＹ

はじめに

世界遺産はどれくらいあるかご存じだろうか。

二〇二一年十二月現在、全世界で千百五十四件の世界遺産が登録されている。

今年の七月、二年ぶりとなる世界遺産委員会がオンライン形式で開かれ、我が日本も世界自然遺産として「奄美大島、徳之島、沖縄島北部及び西表島」が、そして世界文化遺産として「北海道・北東北の縄文遺跡群」が誕生したばかりだ。

—全ての世界遺産をこの目で見たい

世界遺産好きにとって、最大の夢の一つだろう。

だがそれを実現するには時間的、体力的、経済的、様々な理由から相当難易度が高いのが現状だ。毎年十個以上、多い時は三十個程度増えていくし、そもそも保護地域等の理由から立ち入り自体が許されていないものすらある。

それでも「一生のうちにできるだけたくさんの世界遺産を回りたい」というのは自然な欲求であり、僕ももちろんそう思っている一人だ。


この本は、世界遺産好きの僕が海外の世界遺産を訪れた旅の記録。


冒頭でお伝えしておくと、僕は海外のエキスパートでもないし、お金持ちのセレブでもない。旅好き、世界遺産好きのただの一般人だ。

ホテルはスタンダードクラスかビジネスホテル。食事は屋台やコンビニで買ってきてホテルの部屋で食べる。

飛行機は言うまでもなくエコノミークラスかＬＣＣ（格安航空会社）、国内線でも過去ファーストクラスやビジネスクラスに乗った経験は一度もない。

たまにお得な宿泊プランやセール価格を見つけたら、背伸びしてラグジュアリーな世界に飛び込んでみたりもする。

補足すると僕は一人旅もするが、妻（世界遺産にはまるで興味なし）と一緒に旅することも多い。今回紹介するエピソードも全て夫婦二人での旅から選んだ。セキュリティ面であったり、衛生面であったり、男性一人なら何とか許容できるレベルでも「女性にはちょっと厳しいからやめておこう」という線引きはしっかり行っているつもりだ。

旅マニアの人から見たら、刺激が少なくて退屈に感じられるかもしれないが、その点はどうかご容赦いただきたい。

しょっちゅう贅沢はできないけど、最低限の設備と清潔感のあるホテルに泊まって安くて美味しい物を食べたい。

バックパッカー的なスタイルはとてもじゃないがハードルが高いし、何かあったら怖いから試す勇気もない。

添乗員が最初から最後まで同行する完全ツアーではつまらない。自分が訪れたいところに好きなタイミングで行きたい。できれば極力自力で。

そんな人にとって、旅の参考とか一時の海外気分を感じる一冊になれば幸いだ。

そして願わくは、僕たちの旅に添えられた「世界遺産」というスパイスも美味しく味わってもらえると嬉しい。

第一章

オーストラリア　シドニー

二〇一九年六月

「え？　コアラ抱っこできないの？」

六月のシドニー行きを決め数日経った頃、妻の口から出た言葉である。

彼女にとって、オーストラリアと聞いてまず思い浮かんだのはコアラだった。そして「シドニーに行く＝コアラを抱っこして写真を撮る」という思考回路になっていたようだ。なぜそんなに好きなのか聞いてみると、当然愛らしいのが一番の理由だが、数年前に大流行した動物占いで妻は「コアラ」らしく、そういう縁（？）もあり特別な愛着を持っているとのことだった。

ご存知の人も多いだろうが、オーストラリアはコアラに関するルールが州によって違う。簡単に言うと、条例によってコアラを抱っこできる州とできない州があるのだ。

「コアラ抱っこ」をして一緒に写真を撮れるのは、ブリスベンやケアンズなどがあるクイーンズランド州、アデレードのある南オーストラリア州、パースのある西オーストラリア州のみ。シドニーのあるニューサウスウェールズ州など、その他の州では見ることはできるが、触れたり抱っこしたりすることは許されていない。

別に僕も隠していたわけではなかったのだが、思わぬコアラショックでテンションが落ちた妻。

とはいえ、こちらはシドニーに行く！とすでに気持ちが盛り上がっているのに、コアラが原因でおじゃんになったら困る。ちょっとだけ冷や冷やしたが「コアラは残念だけど楽しみだね」の言葉に一安心。

「やれやれ、ひとまず旅が流れなくてよかった」と胸をなでおろしたのは、関東の花見シーズンがもうすぐ終わる四月の頭だった。

シドニーに向かう当日、成田国際空港にはフライト予定時刻の三時間半ほど前に着いた。ついつい早めに来てしまうのはいつものこと。ご飯を食べて、荷物を預けて、機内用のリラックスできる服装に着替えてとやっていると、意外と時間も経ってしまう。加えて大好きな空港散策までしていたら二時間、三時間はあっという間だ。

空港内のレストランで食事をとり、早々に日本航空（ＪＡＬ）のカウンターでチェックインと預け入れ荷物の手続きを済ませた。出国審査とセキュリティチェックを抜けたあとは、制限エリアの免税店を冷やかしていく。

僕は航空会社のステイタス会員でもないし、プライオリティパスのような類も持っていないので、搭乗時間まで過ごせる空港ラウンジを利用することはできない。でもフライト前にぶらぶらするこういう時間がたまらなく好きなのだ。いよいよ旅が始まる！　もうすぐ出発だ！　というワクワク感がどんどん高まってくる。

シドニー・キングスフォード・スミス国際空港行ＪＬ７７１便に搭乗したのは午後七時過ぎ。座席はエコノミーシートだが、さすがは「エコノミークラスＮＯ．１」とも言われるＪＡＬ。僕は身長が百七十四センチほどあるが、前の座席に膝が当たるようなことはなくスペースが十分に確保されていた。

今日が平日だからだろうか、二列四列二列の座席配置の機内はちょっと驚くほどの空席が目立つ。僕たちは事前に指定しておいた窓際の二人並び席。隣の中央四人掛けブロックには外国人男性が一人で座っていた。彼以外は誰もそのブロックにいない。言うまでもなく消灯後は四席独占してのびのびフルフラット状態で寝ていた彼。俗に言う「エコノミーフルフラットシート」。これはさすがにうらやましかった。

定刻通りにドアクローズしプッシュバック開始。そのまますぐに離陸するかと思いきや、滑走路上で待機の時間があった。

シドニー国際空港は日本の羽田空港（東京国際空港）のような二十四時間空港ではない。深夜十一時から翌朝六時までは飛行機の離着陸が完全不可になるらしく、その時間調整のため待機しているとのアナウンスが流れた。

それだけスムーズに搭乗が行われたということだろう。しばらくしてＪＬ７７１便は無事に成田国際空港を離陸した。

安定飛行に入ると客室乗務員による機内サービスが開始された。最初にドリンク、そしてお待ちかねの機内食タイムへと続く。国際線の一番の醍醐味はこの時間！という人も少なくないはずだ。そう言う僕もその一人。

配られた機内食は「ＲＥＤ Ｕ－35～若き料理人たちによる機内食～」と銘打たれたものだった。添えられていた小冊子によると、ＲＥＤ Ｕ－35とは二〇一三年から開催されている、新時代の若き才能を発掘する日本最大級の料理人コンペティション。ＪＡＬはその歴代ファイナリストを含むシェフ六名監修によるメニューを開発し、エコノミークラスで提供しているそうだ。

なぜエコノミークラスだけなのかな？という素朴な疑問が頭に浮かんだが、色々な事情もあるのだろうと思い考えないことにした。何よりエコノミークラスの自分が、ファーストクラスやビジネスクラスのことを考えるなどおこがましいというものだ。

季節ごとに二つずつメニューが登場するようで、この日は「ネギ塩鶏の三色丼」と「彩り野菜のドライカレー」のどちらかを選ぶことができた。僕も妻もドライカレーをチョイス。監修しているのは若きフランス料理人と冊子に書かれていた。

一口食べてみる。なるほど、確かにとても美味しい。

胸を張って言えることではないが、僕は全くと言っていいほど食に関心がない。

こんな機会がなかったら一生知ることもなかった才能溢れる若きシェフ。そして味わうこともなかった料理。ＪＡＬのおかげで地上にいる時よりも立派で高級な一品をこうして空の上で食べることができたわけだ。

もう一方の三色丼はどんな味だったのだろう。もし僕たちがまだ初々しいカップルだったら「別々のものをお願いして半分ずつシェアしようよ」なんてことになったのかな。いやいや、お互い食べたいものを食べる、それでいいのだ。

食後のデザートにはハーゲンダッツのカップアイスが配られた。これも間違いなく上質。ところで飛行機で食べるアイスクリームというのはなぜあんなに美味しいのだろうか。

途中機体が揺れる時が何度かあったが、約九時間で無事にシドニー国際空港に着陸。シドニー時間は早朝六時。まだ日が昇る前なので窓から見える外は暗く、滑走路上の様子をうかがうことはできない。

日本を夜遅くに出発して現地の朝に着く、所謂深夜便だった。到着したその日からすぐに観光をスタートできるという利点から「都合がいい」「好んで選ぶようにしている」という人も多いはずだ。

しかしそれは機内でたっぷり睡眠を取れる人限定であって、逆にあまり眠れない人は酷い寝不足状態で着くということになる。

かくいう僕も今まで何回も深夜便に乗ってきたが、ほとんど寝ることができないタイプだ。

旅好きにとって乗り物内でストンと寝落ちすることができないというのは、ある意味致命的ともいえる弱点。昼間仕事をした後で心身ともにクタクタの状態でも、搭乗前にいくらお酒を飲んでみても毎回ダメなのだ。子供の頃の「遠足の前の晩に興奮して眠れない」という感覚に近いのかもしれない。

最近では「どうせ機内は寝られない。初日は眠気との闘いになるからホテル近辺の観光にとどめておこう」と計画の段階から割り切るようにしている。その方が機内でどうしようと変に焦らなくていいので気持ち的にも楽だ。

案の定、今回も一睡もしていない状態でのシドニー初日となりそう。まあ、観光している間はアドレナリンが出てテンションも上がるし、何とかなるだろう。ただ人生一度でいいから「寝て起きたら着いていました」という経験をしてみたいものだ。

シドニー空港到着後、到着口を出るまでには入国審査、受託手荷物のピックアップ、税関と検疫の通過、と続く。

飛行機から降り「ePassport self service」という案内に従って進むとＫＩＯＳＫ（キオスク）と呼ばれる機械がたくさん並んでいるエリアに着いた。これがとてもハイテクで驚かされた。

パスポートの顔写真のページを機械に読み込ませ、「犯罪歴はあるか？」などの簡単な質問が出てくるだけ。しかも日本のパスポートを入れれば自動的に日本語表示になるという優れもの。全ての問いに答え終わるとチケットが出てくるので、今度はそのチケットを差し込み口に入れ、正面のカメラを見て顔写真を撮影。するとまた別のチケットが出てくるので、忘れずに受け取り入国審査は終了。これで終わり?と拍子抜けするくらいのスムーズさである。

「入国審査って言葉が通じないから緊張するよね」

「そうそう、入国審査の人ってなんか怖いイメージもあるし」

近い将来、そんな会話も地球上からなくなる日が来るのかもしれない。

続いては受託手荷物の受け取りだが、乗ってきたJL771便のレーンの前で待っていてもなかなか荷物が出てこない。レーンの前には同じような乗客がたくさん。こういう時「日本の空港って荷物出てくるのが本当に早い」といつも思う。妻と交代でお手洗いに行ったりしながら、結局ここで四十分ほど待たされただろうか。先程の流れるような入国審査とのギャップに困惑してしまう。

ようやく出てきたスーツケースを引いて、あとは係員に入国カードを提出して税関と検疫を通過すれば、晴れてオーストラリア入国である。


でもここからがちょっと大変だった。

係員に提出する入国カードは「入国時に持ち込む物の申告」を兼ねているもの

が大部分。自分たちで記入した内容を基にチェックされることになるのだが、オーストラリアの検疫は非常に厳しいことで知られている。あるバラエティ番組では「オーストラリアの空港検疫」という一つの人気コンテンツとして成立しているほど。その主たる理由は、オーストラリア固有の貴重な動植物の保護や環境維持のためらしいが、慣れない旅行者にとってはオーストラリアでの最初の難関となる。

もし「これは言わなくても大丈夫だろう」と申告せずに、万が一それが持ち込みNGなものだったり、申告が必要なものだったりしたら多額の罰金を請求されると聞いたこともあった。

入国カードは多くの場合、飛行機の中で客室乗務員より配られるので、目的地に到着するまでに機内で書いてしまうという人が多いだろう。僕たちもいつも通り、JL771便の機内で書き上げてきたわけだが「はて、これどっちだろう?」と思う箇所がいくつかあった。

入国カードに書かれている質問を見てみると・・・

「下記の物品をオーストラリアに持ち込もうとしていますか?」

—医薬品、ステロイド、不法わいせつ物、鉄砲、武器、不法な薬物

そりゃ鉄砲とか武器なんて持ってないけど、万が一のために胃薬や頭痛薬は持ってきているよ？・・・「はい」にチェック。

—食肉、家禽類、魚、海産食物、卵類、乳製品、果物、野菜類

肉とか魚はないけど、小腹が空いた時のために、卵とバターをたっぷり使ったクッキー持っているよ。これはどうなの？・・・「はい」にチェック。

—靴などのように土の付着した物品

街中だけではなく、シドニー近郊にも行く予定だから履きなれたスニーカーも持ってきているよ。日本で何度も履いているやつだから多少土は付いているよね？・・・「はい」にチェック。

ご丁寧に「どう答えていいか不明な場合は、『はい』をチェックしてください」なんて書いてもあるし、迷ったものはとりあえず全部「はい」にしておいた。

厳しい厳しいと聞いていたから「ちょっと神経質に考え過ぎたかな？」と思いつ

つ書き終えた入国カード。提出する列に並んでみると、多くの乗客はすんなり出口に向かっているようだ。これは取り越し苦労だったかなと一安心。

　と思ったのも束の間、僕たちのカードを一瞥した係員が「あなたたちはあちらの方へ」と一言。

「え？　僕たちだけ？」と思いながらも従わないわけにはいかず。列を外れて指示された通路を進むと別の係員が待っていた。

「持っているのって薬？　食べ物？　ちょっと見せてみて」

「えっと、これです・・・」

「オーケーオーケー、もういいよ」

　いくらなんでも「靴を見せて」とか「スーツケースの中身全部出して」とまでは言われなかった。結果的にはすぐに終わったし、係員も終始笑顔で圧迫感もなかったが、他の人たちは常備薬とか一つも持ってきていないのだろうか？と不思議に感じた。「まあ、あとで何か言われたり問題が起きたりするよりいいか」と思い到着口に向かったのだった。

空港からシドニー中心部へのアクセス方法はいくつか選択肢があるが、今回はエアポートリンクという電車を利用することにした。少しでも移動費を節約したいなら路線バスに乗るというのもあるようだが、エアポートリンクが一番分かりやすいし一般的な手段と言えるだろう。そこまで極端に運賃が高いわけでないこともリサーチ済みだった。

乗り場は空港の地下フロアにある。「これがシドニー空港かあ」などと思いながら向かっている途中、マクドナルドを発見。アメリカ合衆国に本社を置くグローバルファストフードチェーンなのだから、ここに店舗があって何もおかしくはないのだが、日本でも見慣れたロゴを海外で見ると少し安心する。

シドニーのマクドナルドのメニューはどうなのかな？と気になったが大きなスーツケースを持っているし、とにかくホテルに行くのが今は最優先。「Airport Trains」と書かれた案内表示に従って真っ直ぐ地下にくだるエスカレーターを目指す。

改札階に着いたらチケットカウンターで「Opal card」というカードを購入した。

Opal cardとは日本でいうところの、SuicaやPASMOみたいなもの。あらかじめチャージしておけば電車やライトレール（路面電車）、フェリー、路線バスなどの公共交通機関に乗れるというカードだ。購入の際には三十五豪ドル以上のチャージが必要で発行自体は無料。もちろんOpal cardがなくても切符を都度購入すればいいのだが、シドニー観光には持っておくととても便利。

補足すると、チャージして使い切れなかった分については、五豪ドル以上から払い戻しが可能。ただし返金方法はオーストラリアの銀行口座への振込か、オー

シドニー国際空港のマクドナルド。関東人の呼び方はマック、関西人はマクド？

ストラリア国内への小切手送付のみ。旅行者は可能な限り、滞在期間中に使い切るほうがいいだろう。

改札に「グーグルクローム」のアイコンみたいな部分があるのでそこにOpal cardをタップすれば通過できる。このあたりの作法は日本の駅と同じ。

ちょうどホームに入ってきた電車にスーツケースを抱えて急いで乗り込む。目的地は予約してあるホテルの最寄りである「サーキュラー・キー」という駅だ。

エアポートリンクは車両の入口部分がとても混むと聞いていた。それなりの心の準備はしてきたのだが、ドア付近は想像以上に混みあっていた。日本の通勤ラッシュ並とはいかないまでも結構な密着状態だ。実はこの車両は二階建てになっているのだが、とてもではないが大荷物を持って二階へ行く階段まで進めない。諦めて入口付近のスペースでじっと待つことにした。

同じ旅行者はいいとしても、毎日の通勤や通学で利用している地元の人にとってこの混雑具合は迷惑ではないのかなとふと思う。あ、そういう人は大きな荷物はないから、比較的空いていそうな二階部分に行っているのかな？

途中、電車は「シドニーセントラル」という駅を通過。そこから先は「シティ・サークル」と呼ばれる環状の路線になる。所要時間の差はあるが左回りでも右回りでも目的の駅に行くことができる。東京都の山手線をイメージするとわかりやすい。

空港から二十分ちょっとでサーキュラー・キー駅に到着。改札を出ると目の前は海、そしてハーバーブリッジが見えた。あらためてシドニーに来たと実感する瞬間だ。同時にこの街が巨大な港湾都市なのだと感じることもできる。

このサーキュラー・キーはフェリーやクルーズ船が発着するシドニーの海の玄関口。ワーフと呼ばれる船着き場が五本あり、ここから海路で人気の観光地でもあるタロンガ動物園やマンリーにアクセスすることができる。

そして旅の目的の一つでもある世界遺産のオペラハウス。すぐ近くにあるはずだが、残念ながら角度的に駅からその姿を確認することはできなかった。「早く見たい」という気持ちもあったが、今はホテルに荷物を預けて身軽になるのが第一だ。

予約してあるホテルは「インターコンチネンタル・シドニー」。世界的に有名な「インターコンチネンタルホテルズグループ」に属し、所謂ラグジュアリークラスに位置づけられる五つ星ホテルだ。

普段コスパ重視でお手頃価格な宿を好む僕たちにとって、今回は相当グレードが高い。正直に言うと海外でこのような高級ホテルに滞在するのは人生初だ。

いかにも不釣り合いな、こんな場所に泊まることになった理由はちゃんとある。それはズバリ、とあるホテル予約サイトでタイムセールが開催されていて、宿泊料金が正規の値段よりもかなりお得だったから。しかも六月は南半球のシドニーでは冬のオフシーズンにあたる。そのため、観光客が少なくホテルの値段も元々下がる月でもあるらしい。

加えてシドニーでは毎年この時期、オペラハウスとハーバーブリッジ周辺が色鮮やかな光とプロジェクションマッピングに彩られる世界的なイベント「ビビッド・シドニー」が行われているのだが、それもちょうど四日前に終了したという、ある意味ナイスなタイミングだった。

そういったいくつかの要素がちょうど重なり、通常のレートより相当低く料金設定されていたのだと思う。

結果、夫婦会議で「人生初のシドニーだし、たまにはちょっとくらいの贅沢もいいよね」となったわけだ。日本人的に言えば「清水の舞台から飛び降りる」といった心持ちだろうか。


駅からホテルまでは徒歩数分の距離。事前にグーグルマップで場所は把握していた。唯一想定外だったのが、ホテルまで急な上り坂が続くということ。重いスーツケースを引きずりながらの坂道はなかなか辛いものがあるが、ここはもうひと踏ん張り。何より坂の上ではインターコンチが待っている。

インターコンチネンタル・シドニーは外観も内部も古い歴史を感じさせる重厚感のある建物だった。元々は一八五一年に英国植民地の財務局として作られたもので、これ自体がとても貴重な建造物なのだそうだ。

ガラス張りで煌びやか、めちゃくちゃ広いロビーで天井には巨大なシャンデリアがぶら下がっている、そういった類の高級ホテルとは趣が違う。どちらかというと薄暗くてちょっとこじんまりしている、という印象さえ受けるかもしれない。

しかしちょっとやそっとのことではびくともしないような太い柱、さながら博物館や美術館のような内装と調度品の数々は、近代的なラグジュアリーホテルとは一線を画す堂々たるクラシックホテルといった雰囲気だ。

フロントスタッフに今日から三泊予約している旨と名前を伝える。さすがに早朝のこの時間では部屋にはまだ入れないが、スーツケースは預かってもらえるとのこと。

早速荷物を預けて観光開始!といきたいところだが、その前にフロント横のソファをお借りして持参したノートパソコンとレンタルＷｉ-Ｆｉを立ち上げた。

僕はフリーランスという立場上、日本にいる時は普通の会社員よりも比較的自由に仕事をさせてもらっている。その反面、旅に出た場合でも完全に業務を放り出すということはできない。必然的に常にノートパソコンを持参して、旅先でも時間を見つけては仕事をこなすというスタイルをもうここ何年も続けている。

もちろん、なるべく負担がかからないよう前もって諸々を調整していくのだが、どうしてもリアルタイムで対応しなければならない緊急の連絡やタスクが出てくるのはある程度止むを得ないと割り切っている。日本を離れている期間が長くなればなるほど尚更。異国にいてもこうして現実に引き戻されるのが嫌だなと思う時もあったが、最近ではすっかり慣れたものだ。

「うーん」と無機質な画面とにらめっこしている間、ソファ近くの自動扉が開く度に朝の冷たい外気が入ってきて体が震えた。

シドニーに訪れる前に懸念していたことの一つ。それは気温だ。

日本ではこれからどんどん暑くなる初夏だが、こちらでは季節は真逆。これから本格的な寒さを迎える初冬だ。電車を降りて外に出た時はそれほど寒さを感じなかったのだが、この時ばかりは慌てて防寒着を取り出した。

四十分ほどでメールチェックと急ぎ対応が必要な案件を片付けると、「ふー」と一息ついてノートパソコンの電源を落とした。

余計な荷物も、そして追われる業務も全部ホテルに預けてしまおう。これから夕方まで仕事のことを考えるのは一切ナシだ。

「シドニーに来たのだからオペラハウスを見ないと何も始まらない」というわけで、さっき上ってきた坂を今度は駅方面に下っていく。

やがて左手前方に再びハーバーブリッジが見えてきた。

オペラハウスと並び「シドニーの顔」の一つともいえる巨大で美しいこの橋。一九二三年に着工し完成は一九三二年。一九二〇～一九三〇年代の不況対策の公共事業として建設された。全長は千百四十九メートルで、シングルアーチの橋としては世界二番目の長さを誇っている。ちなみに世界一位はアメリカのニューヨークにあるベイヨン橋。

このハーバーブリッジの頂上まで登る「ブリッジクライム」というスリル満点のアトラクションが観光客に評判だそうだ。そういえば日本で見た観光ガイドにも載っていたっけ。一番上からの眺めはさぞ素晴らしいのだろうなと思ったが、僕はパス。若い頃は高いところも全然平気、というか、むしろ好きな方だったのにここ数年急激に苦手になってきた。歳を取ると高所がダメになるのかなあ。

この日は空気が冷たいものの、雲がほとんどない気持ちのいい青空。まさに絵に描いたような観光日和。さぞ美しいオペラハウスにご対面できるのだろうなと思うと、ワクワクして自然と早足になる。

そしてついにオペラハウスが見える所までやってきた。「あったね」と隣にいる妻に一言だけつぶやく。平静を装っているつもりだったが、たぶん僕の顔は気持ち悪くにやけていたと思う。

帆船の帆のような、または貝殻が重なっているかのような、あまりにも有名な独特のフォルム。シドニーの象徴、いやオーストラリアの象徴といっても過言ではないかもしれない。デンマーク人建築家であるヨーン・ウッツォンによって設計され、一九五九年の着工から十四年後の一九七三年に完成。まさに二十世紀を代表する近代建築物といえるだろう。

二〇〇七年には「シドニーのオペラハウス」という名前で、世界文化遺産にも登録された。この時、ヨーン・ウッツォンはまだ健在で、建築家が存命中に登録された珍しい世界遺産として当時話題にもなった。

オペラハウスの足元には「Opera Bar」というバー&ビストロがあり、日よけの白いテント状の屋根を備えたテラス席が整然と並んでいる。すぐ左手には青い海。そしてその先に白亜の美しい建物。今までテレビや本で何度も見てきた景色そのものだ。

ただここで一つだけ誤算が。

それはこの時間帯にOpera Bar方向から見ると、太陽が逆光になるということ。

この日は特に天気もよかったのでかなり眩しい。もしかしたら、朝はビュースポットとして知られている「ミセス・マッコーリーズ・ポイント」の辺りから見るのがベストなのかもしれない。

強い日差しの影響で期待していた一枚を撮るのは難しいなあと、遠目からの写真撮影は早々に切り上げ近づいてみることにした。

オペラハウスの外壁は白一色だと思っている人も多いかもしれないが、実は白とクリーム色、二色のタイルが表面に張られている。近くで見ると二種類のタイルが交互に敷き詰められているのがはっきりと分かる。

また一つの建造物ではなく、三つの独立した建物でできているのも特徴。正面から見て、左がレストラン、中央がコンサートホール、右はオペラが行われる劇場だ。コンサート用とオペラ用とで別々

夢にまで見たシドニーのオペラハウス。逆光なのが残念。

の建物になっているのは音の響きが違うからなのだそうだ。

通常、オペラハウスは外観しか見ることはできないが、ガイドによる約三十分間の内部ツアーに参加すれば中を見学することも可能。せっかくなので、十時からの日本語のツアーに参加してみることにした。

建物内のチケットカウンターへ向かう。事前情報なしだったが「Box Office」と書かれた案内板に従って進んだら迷わずたどり着くことができた。

対応してくれたのは、優しそうなオージーのおじさま。

「Can I get two Japanese guided tour tickets?」

とお願いすると「時間になったらこの下の集合場所に行ってね」と、素敵な笑顔とともにチケットを渡してくれた。

値段は大人一人三十豪ドル。二人分の六十豪ドルをカードで支払う。後日のカード請求額は四千五百五十三円。

チケットカウンター横にはふかふかのソファがいくつか並んでいて、他のツアー参加者らしき人たちが思い思いにくつろいでいた。見たところアジア系の人はいないようだったが、僕たちも集合時間まで座って待たせてもらうことにした。この時期、ずっと外にいると身体が冷えてくるのでとてもありがたい。ついでに併設するお手洗いも拝借したが中は驚くほどお洒落な作りだった。さすがはオペラハウス。

近くにはギフトショップもありちょっとだけ覗いてみる。気になる商品を見つけたが、ツアー前ということで一旦購入は見送り。あとでまた買いにこよう。

ツアーの集合場所は一旦建物を出て、外のエスカレーターを下った先にあるスペースだった。何本か柱が立ち並んでいる所で、それぞれには番号が書かれている。チケットを買った際に「三番の柱の所に行ってね」と言われていた。番号の下には大きく「日本語」とも書かれていたので迷うことはなかった。観光客にとても分かりやすく、親切なオペレーション。

ここにはチケットカウンターも兼ねたギフトショップもあった。僕たちはさっきの Box Office まで行ってしまったが、集合場所のすぐ隣ということで大部分の参加者はここでチケットを購入しているようだ。

ただここは椅子もなく何より屋外なので外気がダイレクトにくる。快適な陽気なら海風も感じられて最高だろうが、今日みたいな寒い日、もしくは真夏の暑い日に長時間過ごすのは辛いかもしれない。もし集合時間まで時間があるようなら、さっきの建物内にあるソファエリアの方が快適に待つことができるだろう。


時間になると担当のガイドさんがやってきた。年齢は二十代か三十代、アジア系のやや小柄な黒髪の女性。おそらくシドニーに住んでいる日本人だろうか。軽い挨拶のあとに「大きい荷物を持っている人はあそこのクロークに預けてくださいね」と、近くの手荷物預かり所を指差す。

参加者は、四十代くらいのご夫婦もしくはカップル、四十代くらいの男性一人、三十代くらいの女性一人、そして僕たち夫婦の計六人。もちろん全員日本人だ。オフシーズンで朝一の回だからかもしれないが、思っていたより少ない。でもこれくらいの人数の方が話もしっかり聞けるから好都合。加えて、ツアー中には二箇所のフォトスポットでガイドさんが「ここで皆さんの写真をそれぞれ撮りましょう」とグループごとに撮影もしてくれた。大人数だとそんなことやっている時間はないだろうし、これもラッキーだった。

途中で中国語ガイドツアーのグループとすれ違ったが、そこは見た感じでざっと五十人以上の参加者がいるようだった。それだけ大人数だとガイドさんも大変だろうなあ。

ツアーはロビーのようなところで十分ほどのビデオを鑑賞することからスタート。オペラハウスの歴史、成り立ちとヨーン・ウッツォンについての内容だ。

一通り見た後はいよいよ内部ツアーに出発。要所要所で立ち止まり、ガイドさんが詳しく説明してくれる。

オペラハウスの独特の形状の屋根は、実は柱が一本も使用されていないらしい。ではどのようにこの屋根を支えているかというと、この屋根のコンクリートの内部に大量の金属のワイヤーが張り巡らされているのだそうだ。

また中から見るとよく分かるのだが、外側の屋根の内部にさらに別の建物があるような構造になっている。この美しい外観を守るために、空調の室外機は人の目に触れない場所にあるのだとか。

「へえー」と素直に感心しながらツアーは進む。これぞ「世界遺産の学び」だ。

やがて透明なガラス越しにシドニーの街並みとハーバーブリッジが一望できる、開けた場所に出た。ガラスには斜めの角度がついていて内部が反射して映りこまない仕組みになっている。ガイドツアーでしか見ることができない景色であり、これだけでもツアーに参加してよかったと思えるほど美しかった。

次は楽しみにしていたコンサートホールの見学。案内先がメインのコンサートホールになるか、別のコンサートホールになるかは、その日によって変わるそうだ。この日は運よくメインのコンサートホールに行けることになった。

メインホールの収容人数は二千六百七十九人で、世界最大級の機械式パイプオルガンである「グランドオルガン」があることでも知られている。

中ではちょうど今夜の公演に向けてシドニー交響楽団がリハーサルを行っているタイミングとのこと。

「普通、リハーサル中は絶対に立ち入り禁止なんです。今回はたまたま許可が下りました！　本当に皆さんは運がいいです！　でも撮影は禁止ですよ」とガイドさんが興奮気味に話す。

声を出さないようにして全員で静かにホールに入る。時間にして十分間ほどの見学が許されたようだ。貴重なリハーサルの様子が見られたのは本当に幸運。一瞬とはいえ演奏を聞くこともでき、クラシックに全く疎い僕でも感動するには十分だった。

唯一の心残りといえば、普段のガイドツアー時はホール内の写真撮影も自由にできるそうだが、今回はリハーサル中でそれが許されなかったということ。グランドオルガンの雄姿を写真に収めることができず、世界遺産好きとしては半分ラッキー半分アンラッキーといったところか。

コンサートホール見学のあとは入口まで戻り、そこでツアーはお仕舞。

「本日のコンサートのチケットも現在販売中ですのでよろしければどうぞ」

解散の前にしっかりとこの日の催し物をおすすめしてくるあたりも抜かりない。

興味はあったが今回は時間を取るのが難しいのでやめておいた。

今は世界遺産目当てでこうして旅をしているが、いつかコンサートとかオペラを見るために世界を回るのもいいかもしれない。

巷では「実際に来るとがっかりする観光名所」とも言われてしまうオペラハウスだが、個人的にはとても良かった。外観を見るだけでも美しいし満足できるが、時間とお金の都合が合えば、内部もじっくりと見学できるガイドツアーを是非おすすめしたい。歴史や建築方法についても学べるし、何より生まれる愛着と理解度が格段に違うから。

最後にギフトショップに再度立ち寄った。

正直、僕は旅に出ても自分用の土産はさして買わないタイプである。お菓子やポストカードや化粧品などなど、ポンポンと気前よく購入する妻を尻目に、結局何も買わずに帰国するなんてことも珍しくない。

そんな僕にとって、唯一例外なのが世界遺産のフィギュア。道端などで売っている安価なものはもちろん、こういった公式ショップで売られているオフィシャルの商品なら少々値が張っても必ず買うようにしている。

ツアー前に目を付けておいたオペラハウスのフィギュアを購入。サイズが何種類かあったが手のひらサイズのほどよい大きさのものを選んだ。それでも二十二・九九豪ドル。それなりの金額だが仕方ない。観光地価格というやつだ。

オペラハウスを離れてジョージストリートを南下し歩いてみることにした。ジョージストリートはシドニーの中心エリア「シティ」を南北に走るメインストリートだ。ロックスからシドニーセントラル駅まで続いているので、街に不慣れな僕たちのような観光客にも分かりやすい。

近代的なキラキラしたファッショナブルなビルと茶色の重々しいトラディショナルな建物とが交互に立ち並ぶジョージストリート。ただの通りのはずなのにあたかもファッションショーのランウェイのようでもある。行き交う普通のビジネスマンがスーパーモデルのようにさえ見えてしまうのは、間違いなくここがシドニーだからだろう。

ちなみにシドニーに暮らす人のことを「シドニーサイダー」と呼ぶらしい。美味しいジュースか地元のオリジナルカクテルのような響き。

このジョージストリートだが、ちょうどライトレールの拡張工事の最中だった。その影響で車が侵入できず、結果的に歩行者天国のようになっている箇所もあり、それはそれで歩きやすく助かった。所々で工事を行っているものの、僕の心をときめかせるには文句ないほど美しく、洗練されている。

「工事をしていない時のジョージストリートの美しさはこんなものじゃないぜ」

生粋のシドニーサイダーには、得意げな顔をされながらこう言われてしまうかもしれないが。

お腹もそろそろ空いてきた。そういえばシドニー空港到着前に、飛行機の機内で早朝三時半くらいに出された軽食から何も食べていない。そこで通り沿いに見つけた「オーストラリアスクエア」というオフィス兼商業施設の高層タワー内にあるフードコートで、ちょっと早めの昼食を取ることにした。

美味しそうな物がたくさんあり目移りしたが、「Catch 22 Fish and Chips」という店のタスマニアサーモンのグリルをチョイス。若い女性店員にオーダーを伝えると「サーモンは今調理中だからちょっと時間かかるけどいい？」と告げられる。急いでいるわけでもないし「オーケー」と答える。

十分ほどで、完成したサーモンを手にした店主とおぼしき男性が店の奥から出てきた。

「俺のトコの魚を選ぶなんて、お前らいいセンスしているな」と言わんばかりにニッと笑いかけてきた。

「期待していますよ」との思いを込めて笑い返す。

適当な席に座り手渡された容器を開ける。ブラウンライス（玄米）の上にグリルしたばかりの大きなサーモンの切り身がどんと乗っていた。ボリューム満点で味も抜群。シドニーの記念すべき初ご飯は、「港町シドニー」らしく豪快なシーフードとなった。

肉厚なサーモンを頬張りながら周りに視線を向けると、少し離れたテーブルに日本人らしき女性二人が向かいあって座っていた。どう見ても旅行者という雰囲気ではない。二十代前半の学生と、三十代くらいのキャリアウーマンという感じか。ランチタイムにはまだ早いということで、そこまで混雑しておらず、二人の会話の端々が聞こえてきた。たぶんアルバイトか何かの面接をしているようだった。歳上のキャリアウーマン風の女性が面接官。学生風の女性は留学生か何かだろうか、それともこちらに移り住んだのだろうか。

若いうちから異国で働き、暮らすというのは大変だろうなと思うと同時に、一種の憧れのような気持ちも抱いてしまう。

まあ、もしかしたら彼女はオーストラリア生まれのシドニーサイダーなのかもしれないけれど。

食事を済ませ再びジョージストリートを歩いていると、途中横道に入ったところに長い行列ができていた。列の長さは百メートルほどあるだろうか。並んでいるのは若い女性が多い。先頭の方を見てみるとどうやらブランドのプロモーションが行われていて新商品のサンプルかノベルティの類を無料配布しているようだ。僕は知らなかったが隣を歩いている妻によると、高級化粧品・スキンケアのブランドだそうだ。なるほど、だから女性ばかりなのかと納得。

「海外の人は行列嫌い」みたいな漠然としたイメージを持っていたので、日本人みたいに長時間並ぶこともあるのだとちょっと意外に感じた。

一八九二年開業のシドニー最古のショッピングアーケード「ストランドアーケード」までやってきた。

ヴィクトリアン様式の優雅でクラシカルな雰囲気は、ここがショッピングセンターであることを忘れてしまいそうなほどだ。決して大きい建物ではなく通路も狭いので、周りの通行人の邪魔にならないよう注意しながらカメラを向ける。

ここに立ち寄った理由は妻お目当てのスキンケアブランドの店舗が入っているから。ハンドクリームやハンドソープがおすすめらしく、オーストラリア発のブランドなので価格が日本のショップより断然お得だそうだ。店内は買い物客もスタッフも実にグローバル。世界的に人気なのだなと実感した。

あれこれ物色していると、日本人と思われる女性スタッフが日本語で話しかけてきた。安心して商品を選べる反面、せっかくなら英語もちょっと喋りたかったなあと残念な気持ち。

再び通りを歩いていると、今度は「ＳＡＬＥ」という張り紙をしたコスメショップを発見。これも妻お気に入りのブランドで吸い込まれるようにするすると入店。

たぶん店員はみんな中国人。客も僕たち含めてアジア人しかいない。このシーンだけ切り取るとシドニーにいる感はゼロ。今度はなんとなく複雑な気持ち。

やがて、一際立派で目を引く建物が右手に見えてきた。クイーン・ビクトリア・ビルディング、通称QVBだ。日本でいう銀座のような、ジョージストリート沿いの一等地に建つこの街のランドマーク的存在。

この建物は一八九八年にイギリスのビクトリア女王の即位五十年を記念して建てられた。その後老朽化のために取り壊しも検討されたが、大規模な修復が行われ、一九八六年に現在のショッピングアーケードの形になったそうだ。

何も知らない人が見たら、きっと立派な博物館や美術館に見えるに違いない。ロマネスク建築の美しさだけではなく、どことなく威厳を感じさせる風格が漂っている。

QVBとパークストリートという通りを挟んであるのがシドニー・タウンホール、つまり市庁舎だ。一八八九年に完成した、巨大な時計台が特に象徴的なヴィクトリアン様式の建物。地元の人がよく待ち合わせの場所にも使っているそうだ。こんなに重厚でお洒落な役所って一体どういうことなのだと思ってしまう。

シドニー・タウンホールの隣にはセントアンドリュース大聖堂がある。ゴシックリバイバル様式の英国国教会の大聖堂で、内部にある美しいステンドグラスが観光客にも人気だ。

QVBにタウンホール、そしてセントアンドリュース大聖堂。

一気に紹介したが、この一角には観光ガイドに間違いなく掲載されている有名な建築物が集まっている。「今僕はシドニーにいるのだな」と再確認できるエリアともいえる。

QVBの斜向かいにスーパーマーケットのウールワースがあった。

オーストラリア国内に九百店舗以上、国内最大級の規模を誇るチェーンストア。バラマキ用の土産候補を物色しようと立ち寄ってみることにした。

隣を歩く妻を見ると今までと目の輝きが明らかに違う。彼女は旅先でその国、その土地のスーパーに行くのが大好きということを思い出した。オペラハウスやさっきのスキンケア、コスメショップの時よりどこか楽しそう。

女性というのは本当にスーパーが好きなのだなと改めて感じた瞬間。

スーパー視察を終えたら今度はパークストリートを東へ。歩いて数分でハイドパークに到着した。一八一〇年に競馬場として造られたこの広大な公園は南北に長い形をしている。オーストラリアで最も古い公立公園で、シドニー市民にとって憩いの場にもなっている。

ほぼ真ん中を横断するようにパークストリートが走っていて、セント・ジェームス駅のある北側と、ミュージアム駅のある南側とに分かれている。北側にはアーチボルト噴水が、南側にはアンザック戦争記念館がある。

ちょうど時刻はお昼時。「緑豊かな場所でご飯を食べたい」と思うのは万国共通のようで、ランチをテイクアウトした人たちが芝生やベンチに座って食事をしている様子がたくさん見られた。

シドニー中心部にある世界遺産といえば、真っ先にオペラハウスを思い浮かべる人がほとんどだろう。実はあまり知られていないかもしれないが、ここにはもう一つ世界遺産があるのをご存じだろうか。

それが今いるハイドパークの北にある、ハイド・パーク・バラックスだ。「オーストラリアの囚人遺跡群」の構成資産の一つとして、二〇一〇年に世界遺産に登録されている。

一八一九年に囚人の建築家フランシス・グリーンウェイによって建てられたもので、元々は男性囚人のための宿舎だったそうだ。一八四八年に囚人がシドニー湾にあるコッカトゥー島に移されると、以降は女性移民の宿泊所になった。そして一八八七年からは法廷や政府の施設として使用され、一九八四年に現在の博物館となったという歴史を持っている。

ちなみに囚人が移送されたコッカトゥー島だが、こちらも「オーストラリアの囚人遺跡群」の構成資産の一つとなっていて、明後日訪問の予定である。

残念ながらハイド・パーク・バラックスは、僕が訪れたこの年（二〇一九年）の一月から改装工事中となっていて内部の見学は不可。そのことは事前情報で知っていたのだが、外観だけでもこの目で見て、写真も撮れればいいなと考えていた。

しかし到着して思わずため息。

ちょうど入口の門の前に資材らしき物を載せた大きなトラックが停車していて、位置的に中の建物が見えなかったのだ。

「工事中だしこればかりは仕方ないな。タイミングが悪かったと諦めるか」と思いつつ、もしかしたらトラックが移動するかもと少しだけ待ってみることにした。

すると願いが通じたのか、トラックは静かに動き出し、閉ざされた門越しに茶色いレンガ造りの建築物が正面から見えるようになった。これならば納得のいく撮影ができそう。「やった！」とミラーレス一眼を構える。
五、六分ほど夢中でパシャパシャしていただろうか、背後で車の気配が。振り返ると先ほどのトラックが戻ってきていたのだが、そこで「あっ！」と気付く。
どうやら撮影タイムが終わるまで待っていてくれたようだ。それどころか僕たちがやってきたのを見て、わざわざ門の前から一旦どいてくれたのかもしれない。

「すみません、ありがとうございました」と頭を下げ門の前を離れると、トラックはするすると門の近くまで移動した。運転席に座っていたのは丸太のような太い二の腕に黒いタトゥーを入れた、ガタイがいいオーストラリア人男性。

見た目はイカついが、心優しい素敵なナイスガイ。僕はもう一度頭を下げた。

iPhoneに表示された時間を見るとホテルのチェックインが可能となる午後三時近くになっていた。ここからホテルは近いし一旦戻ることにしよう。長時間のフライトと睡眠不足に加え、朝から精力的に歩き回ったことで急激に体が重くなってきていた。

ホテルで無事にチェックインを済ませエレベーターに乗り込む。階数が表示されたパネル下の差込口にカードキーを挿入すると、部屋がある二十一階のランプが自動でポンと点灯した。キーがなければエレベーター自体が動かない仕組みなのでセキュリティの面でも安心だ。

アサインされたのは一番スタンダードなツインルーム。と言えども、そこはインターコンチネンタル。随所に控えめでありながらも気品のあるクラシカルな雰囲気が漂っていた。窓際のソファに置かれたクッションとベッドスローが紫のアクセントカラーで一層高貴な印象を与えてくれる。

「うわー、すごいね」と妻に言いながら、ベッドのあるメインルーム、シャワー付きのバスタブとトイレと洗面台からなるウェットエリア、ひいては備え付きの家具や電気製品に至るまで一通り見て回る。立派なワークデスクもあり、あまり気が進まないながらも仕事は快適にこなせそうだ。窓からは三十ヘクタールもの広大な敷地を持つ、オーストラリア最古の植物園「王立植物園」が見えた。

朝預けていた二人分のスーツケースはソファの横に置かれていた。荷物を広げて一息つくと、うつらうつらと睡魔が。ちょっとだけ仮眠しようということになり、僕も妻もすぐに夢の世界へ旅立った。

一時間半ほど眠っただろうか。目を覚ました時、外はもう薄暗くなっていた。よく見ると隣の建物の屋根と地面が濡れている。どうやら弱い雨が降り出していたようで、傘をさして歩いている人もちらほら。

起きたらライトアップされたオペラハウスを見にいくつもりだったが、初日ということもあり無理せずこのまま部屋でゆっくり過ごすことに変更。ホテルに戻ってくる時に「小腹が空いたら食べよう」と購入しておいたサラダで軽めの夕食とした。

旅に出ると毎回感じるのだが、僕たち夫婦は食にはとても無頓着だ。旅先で全ての食事をコンビニ飯で済ますなんてこともある。

「もったいない。旅の楽しみの半分を損している」と叱られそうではあるが、長年染みついたスタイルはそうそう変えられない。


そういえば仮眠をする前、自分のソーシャルメディアアカウントにシドニー到着と初日観光のことを投稿していたのだが、メルボルン在住の大学時代の友人からコメントが入っていた。

「シドニーは晴れていて暖かそうでいいね。こっちは雨が降っていてとても寒いよ」

実は今回の渡豪の計画を立てる際、シドニーにするかメルボルンにするかで最後まで迷っていた。

最終的に「最初はやっぱりシドニーでしょ！」と決断したわけだが、少なくとも天候という点から考えればその選択は間違っていなかったようだ。


シドニー二日目は、ホテル内にあるレストランでの朝食からスタート。会場は二階にある「CAFE Opera」。今回が朝食付きのプランでなければ来ようとは思わない、いや思えないような立派な店だ。

ビュッフェスタイルでメニューは定番のベーコンやソーセージ、スクランブルエッグの他にチーズやフルーツも充実している。パンもクロワッサンや細長いハード系のバゲットをはじめ、数えきれないほどの種類がある。

長い人生の中でそう何度も経験することはないであろう、海外高級ホテルの朝食ビュッフェ。「ここにある全部の料理を少しずつでも食べてみたい」なんて感情が湧きあがるあたり、我ながらみみっちい男だと思う。だが四十歳を超え、全盛期などとっくに過ぎた僕の胃袋の許容範囲では、そんな卑しい考えは儚く散ったのであった。

この日はシドニー近郊にある世界遺産、ブルー・マウンテンズ国立公園に行く予定を立てていた。

シドニーの西、約八十キロメートルの位置にあるのだが、一番気がかりなのは現地がどれくらい寒いかということ。標高がここよりぐっと高い山間部にあるからだ。冬の時期は都市部のシドニーよりも当然気温が低い。ニット+薄手のダウンベストのさらに上から、昨日は着ていなかったユニクロのウルトラライトダウンを羽織り外に出た。


シドニーからブルー・マウンテンズ国立公園へは観光客向けのツアーがたくさん出ている。その多くがツアー会社の貸し切りバスで向かうというもの。座っているだけで連れていってくれるし、限られた時間の中で主要な見所や撮影スポットを効率よく回ってくれる。日本語のツアーを選べば言葉の不安すらないだろう。

ただし若干値段が高い。通常そういったツアーには往復の送迎の他に、様々なアクティビティの料金も含まれているからであろう。申し訳ないけれど僕はそういったアクティビティにはそれほど興味がない。

というわけで、お金の節約と自分たちのペースで自由に回りたいという二点から、今回は自力で電車を使って行くことに決めていた。

まずはサーキュラー・キー駅からシドニーセントラル駅へ。そこで電車を乗り換え、ブルー・マウンテンズ国立公園の最寄り駅である「カトゥーンバ」という駅に向かうルートになる。

平日の朝の通勤時間帯ということで、シドニーセントラル駅ではビジネスマンたちが早足で行き交っていた。この駅は近郊の電車だけでなく、メルボルン行などの長距離電車も発着している。ざわざわして慌ただしい雰囲気は、朝の東京駅などと一緒だ。急ぐ人の邪魔にならないよう注意して歩く。これも僕たち観光客のマナーの一つ。

ここからカトゥーンバ駅に通じているのは「ブルーマウンテンズライン」という路

線。カトゥーンバ駅行、リスゴー駅行、マウント・ビクトリア駅行のいずれかならば大丈夫のようだ。

駅員に次のブルーマウンテンラインはどこから出るか聞くとPlatform5とのこと。教えられたホームに行ってみると、すでに電車が停まっていた。ここは先程までのせわしい感じではなく、どこかのんびりした空気が漂っている。張っていた気を緩め、ほっと一息ついた。

車両は二階建てで全車自由席。眺めが良さそうな二階の座席に腰を下ろす。この日は朝からとても気持ちのいい青空が広がっていた。今日も天気に恵まれたぞとほくそ笑んだ。

電車は九時十八分発、カトゥーンバ駅には十一時十六分の到着予定。およそ二時間のローカル線の旅だ。車内はおしゃべりに花を咲かせる欧米人のおばさまグループや、赤ちゃん連れの若い夫婦、頭を寄せ合って寝ているアジア人カップルなど多種多様だ。何ともまったりした空気で電車は進んでいく。

発車してしばらくは街中を走っていたが、途中から広い畑やたくさんの木々が車窓から見られるようになった。近代的な高層ビルが立ち並ぶ中心部から少し離れるだけで、こんなにも自然溢れる景色になるのだと驚いた。

そしていつしか電車は山間部に入っていく。ここまでくればカトゥーンバ駅はもう間もなくだ。

ほぼ定刻通りに到着。ホームに降りてみると空気はひんやりしていて、シドニー中心部とは体感温度がまるで違った。結構な急斜面を登っていたもんなあと思い出す。それでも日差しがあるところでは暖かい。これならば散策するのに問題はなさそうだ。

駅を出たら通りを挟んで目の前にある観光案内所で情報収集。案内所の女性がとても親切で、僕の拙い英会話スキルでも優しく丁寧に対応してくれた。

目指すのはブルー・マウンテンズの絶景を堪能できる展望台として名高い「エコーポイント」。聞くと大抵の人は駅前から出ている周遊バスを利用するようだ。

距離は約二・五キロほどらしいので、僕たちは天気もいいし歩いて行くことにした。もらった地図を見る限り、駅前からカトゥーンバ・ストリートという道をただひたすら真っ直ぐ歩いていけばいいので迷う心配もない。

駅付近は小さな商店街という様子で、海外ドラマの「郊外の田舎街」シーンに出てきそうな光景だ。散歩を楽しむ地元の人に混じって歩いていると、僕もそのシーンの出演者の一人になったみたいで気分がいい。

先に進むといつしか店は消え人気も少なくなってきた。でも観光案内所で「駅に近いところは商店街で賑やかだけど、離れるとだんだん閑静な住宅街になるわよ」と聞いていたので不安はなかった。

カトゥーンバ駅からゆっくり歩いて三十分ちょっと、ブルー・マウンテンズ国立公園に到着した。

この日は快晴だったのでピクニック気分で気持ちよく歩いてこられたが、雨とか暑い日、寒い日には少々辛い距離かもしれない。もしそういった日に訪れる場合は、徒歩ではなく無理せず周遊バスの利用をおすすめしておく。

ブルー・マウンテンズ国立公園は「グレーター・ブルー・マウンテンズ地域」の構成資産の一つとして世界遺産に登録されている。見渡す限りユーカリの木が生い茂る広大な国立公園で、その面積は約二十七万ヘクタールにも及ぶ。東京ドームに換算すると驚異の約五万七千七百四十七個分だ。

ところでテレビでよく言っている、この「東京ドーム○個分」っていつから使われるようになったのかな。首都圏に住んでいる僕ですらあまりピンとこないし、それ以外の地域の人にはもっと伝わらないだろうに、なんて考えてみたり。

ま、とにかくこのブルー・マウンテンズ国立公園がそれだけ大きいということを分かっていただきたい。

エコーポイントからの眺めは規模感と壮大感がとにかくすごい。仮に太古の時代を生きた恐竜が目の前に突然現れたとしても全く驚かない、そんな風景。そう、リアル「ジュラシック・パーク」だ。

左手には一際存在感を放つ特徴的な奇岩が見えた。縦長の三つの巨岩がちょうど寄り添っているかのような形状で、剥き出しの岩肌が太陽の光に照らされていて美しい。これが「ブルー・マウンテンズ」とグーグルで画像検索した時、間違いなく先頭に表示されるであろう「スリーシスターズ」だ。

何千年もの長い年月をかけて風化し今の姿になったのだろう。広大なユーカリの森をバックに堂々とそそり立つその姿は神々しくすらある。

スリーシスターズはオーストラリアの先住民であるアボリジニの伝説が深く関わっているとされている。いくつかの由来となった話があるようだが、一番知られているものは父親と三人の娘のエピソードだろう。

—昔、ある男が魔王から三人の娘を守るために、魔法の杖を使って娘たちを岩に変えた。その父親は自分自身も魔法で鳥に変えるが、魔法の杖を落としてしまい、元に戻ることができなくなってしまう。当然岩となった娘たちも元に戻すことはできない。今でも父親は鳥の姿で魔法の杖を探し続けている。

そして岩となった三人の娘、それがスリーシスターズである――

何とも悲しい物語ではあるが、初めてこの話を聞いた時は「杖を落としてなくすってお父さんドジ過ぎない？　もうちょっとしっかりしてよ」と思ってしまった。

エコーポイントは二層構造になっていて、「QUEEN ELIZABETH LOOKOUT」という一つ下のエリアもある。さらに迫力あるユーカリの森とスリーシスターズを堪能できるとあって、とにかく人がたくさん。アジア系、欧米系、アラブ系、アフリカ系、様々な人種の観光客で大混雑だ。中には「中国人の団体客かな？」という二十人くらいのグループもいたのだが、聞こえてくる言葉や話を聞いているとどうやら日本人のツアー御一行様のようだった。

ベストな撮影ポイントを巡って老若男女、みんな必死。言わずもがな僕もその一人。

このブルー・マウンテンズ国立公園。日本語に訳すと「青い山」という意味。なぜそのような名前になったかというと、ユーカリの油分が蒸発する際に太陽光に反射して青く見えることに由来しているそうだ。

とはいえ、実際に来てみるまでは「そんなこと言ったって、青くなんか見えないでしょ?」「まあ、言われてみればねってレベルでしょ?」と正直ひねくれた考えをしていた。

僕が間違っていた。

青い。確かに青く見える。

この日は晴天で霧もないという絶好の気象条件にも恵まれ、広大な森を覆うように青く霞がかっているのがはっきりわかった。空のくっきりとした青とは違い、なんとなくぼやけた感じというか、うっすらと空気がブルーに色づいているのを見ることができた。

疑ってしまって本当にごめんなさい。

オーストラリアでは野山を歩き回ることをハイキングではなくブッシュ・ウォーキングと呼んでいる。このブルー・マウンテンズ国立公園にはブッシュ・ウォークのトレッキングコースがたくさんある。三十分程度の初心者向けから数日間もかかるような本格的なものまで、様々なコースを歩くことができる。

時間も体力もない僕たちは、スリーシスターズに実際に触れることができる「スリーシスターズウォーク（スリーシスターズタッチ）」という初心者向けのコースにチャレンジしてみることにした。

エコーポイントにあるインフォメーションセンター横にスリーシスターズウォークのアーチ状の入り口があった。くぐるとすぐ横に世界遺産マークとともに、先程紹介した父親鳥のオブジェが置かれていた。岩になったままの三人の娘を見て、彼は今何を想っているのだろうか。

スリーシスターズまではほぼ一本道なので迷うことはない。初心者向けというだけあって平坦な道のりが続く。自然の中を歩くというのはどの国でも気持ちがいいものだ。

ふと歩道の脇にトカゲのようなオブジェがあるのを見つけた。これもアボリジニの伝説の登場キャラなのかな。

所々に展望台を兼ねたちょっとした休憩スポットのような場所もあり、そこではまた違った角度からブルー・マウンテンズ国立公園の雄大な景色を見ることもできた。


「楽勝だね」なんて歩いていたら、最後の最後に最大の難所が待っていた。

その名もジャイアント・ステアウェイ。直訳すると「巨大階段」。九百段にも及ぶかなり急こう配な下り階段だ。スリーシスターズはもう目と鼻の先。ここまで来てひるんでなどいられない。慌てず慎重に下りていく。

階段はすれ違うには少々幅が狭いので、スリーシスターズから戻ってくる人（階段を上がってくる人）がいる場合は、先に通してあげるなど譲りあいながら進む。途中にはそれ用のスペースも確保されていて、そこからの眺めも大変素晴らしかった。

最後の難関も乗り越え、歩き始めて三十分ほどでスリーシスターズに到着した。スリーシスターズタッチと言われている通り、僕たちもしっかりと岩にタッチさせてもらう。

周囲には、日本では滅多にお目にかかれないスケールの大自然が広がっている。生命感溢れるユーカリのしなやかな木々と無骨で荒々しい岩のコントラストが、さながら一つの壮大なアート作品のようにも感じられた。

この場所はエコーポイントよりも森に

しっかりとスリーシスターズにタッチ。落書きが多いのは悲しい。

近い高さにあるため、森の上部が青く色づいているのがより分かりやすい。「青い山」という名に偽りなしだ。

岩をえぐったようなくぼみがあり、そこには簡易的なベンチも置かれていた。たくさんの観光客でいつも混んでいると聞いていたが、この時は幸いにも僕たちの他には先客の中国人家族が一組いただけ。ベンチに腰かけたり写真を撮りあったりと、ゆっくり過ごすことができた。


階段の方を見ると、こちらを目指して下りてくるグループが数組見えた。そこまで広い空間ではないので混みあう前に退散するとしよう。当然のことながら帰りは上り階段になるので、覚悟して上っていく。足を滑らせて後ろに転がったりしたら大惨事だ。細心の注意を払いながら一段一段踏みしめて進む。

階段を下っている時も上っている時も、誰かとすれ違う際に思わず挨拶をしてしまう。そうすると相手も笑顔で返してくれるのが心地いい。階段の辛さを共有しているからかもしれない。こんな時は国籍も人種も関係なく、みんなにこやかな表情だ。

僕は山登りの類はやらないのだが、よく聞く「山道では知らない人とすれ違う際に挨拶する人が多い」というのはこういう心境なのかなと思った。

ブッシュ・ウォーキングを終えると、エコーポイントのインフォメーションセンター内にあるギフトショップに寄ってみた。昨日のオペラハウスに続き、ここでもスリーシスターズのフィギュアを発見。喜んで手に取るも、底に「Made in China」と書かれたシールが貼ってあるのを目にし躊躇してしまう。どうするか迷ったが「まあそうだよね」と思いつつ購入。お値段は十四・九五豪ドル。

カトゥーンバ駅まで戻り、午後三時二十分発シドニーセントラル駅行の電車に乗り込んだ。しばらくは空席も目立ったが、駅に停車する度、吸い込まれるようにどんどん人が乗車してくる。夕方の時間帯ということで学校帰りや会社帰りの人も多いようだ。途中のペンリス駅を出る頃には結構な乗車率となった。

同じ車両に旅行者と思われるアジア系の男性が一人座っていたのだが、豪快にいびきをかいて寝ていたところ、隣の席の女性にひどく怒られていた。満員の車内ではどうぞお静かに。

シドニーセントラル駅で電車を乗り換え、午後五時半過ぎにサーキュラー・キー駅に帰ってきた。

辺りはもう暗くなっている時間だったが、シドニーの夜をしばし散策してみる。ライトアップされたオペラハウスやハーバーブリッジが文句なしに美しい。そして街全体がとてもロマンチック。夜になってもたくさんの人たちが写真を撮ったり、お酒や食事を楽しんだりと、思い思いの時間を過ごしていた。

僕たちはと言うと、相も変わらず夕食はホテルの部屋で食べようということになった。テイクアウト可能で、且つお手頃な価格帯の店を探す。

最初にサーキュラー・キー駅の高架下にある、テイクアウト専門のお店「Quay Seafood Fish & Chips」でシーフードサラダをチョイス。僕たちはサラダだけ購入したが、店名の通りフィッシュアンドチップスが看板メニューらしい。

愛想の良い店員のお兄さんが、手にしたスイカをもぐもぐ食べながら人懐っこく話しかけてくる。

「ＹＯＵもこのスイカ食べる？　お金なんかとらないから安心してよ、ははは」

日本の風土では敬遠されそうなものだが、海外ならではのこのユルさが大好き。

さてメインはどうしようかなと歩いていたら、駅前に一台のフードトラックが停まっていた。車体は黒・赤・黄色のドイツカラーで、掲げられている看板には「VOLKSWURST」と書かれている。どうやらホットドッグ屋のようだ。価格は一個十豪ドル。ムキムキの筋肉の写真がプリントされているエプロンを付けた、若いイケメン店員に二個オーダーする。

調子に乗って「ナイスマッスル！」と声をかけたら絵に描いたような苦笑いをされてしまった。謎の東洋人がいきなり意味の分からない発言をしてしまって申し訳ない。

部屋のテーブルに戦利品を一通り並べ、ディナータイムの開始。

シーフードサラダはボリューム満点で味も抜群。ただ一点伝えておきたいのは、セロリが驚くくらい大量に入っていたということ。山崎まさよしさんの名曲にもあるように、好き嫌いが分かれる食べ物の代名詞でもあるセロリ。たまたまこの時期だけかもしれないが、苦手な人からしたらこの量は半ば拷問に近い。

実は僕もそれほど得意ではない。でも「これだけ残すのもなあ。あの気のいい兄ちゃんにも気が引けるし」と思い、入っていた他の具と一緒に勢いで食べきった。

続いてはホットドッグ。シドニーの地でドイツのソーセージとは随分滑稽だなと思いつつ、豪快にかぶりつく。表面がカリッと焼けた少し硬めのバゲットに、ケチャップとマスタードがかかった太めのソーセージが挟んであり、食べ応え満点。日本のソーセージのように「パリッとした薄皮を噛むと、中からジューシーな肉汁が溢れる」といったイメージを期待すると少々肩透かしを食らうかもしれないが、肉を食っている感を思いっきり味わえる。

この夜は食事と一緒に、この旅初のオーストラリアビールも楽しんだ。

シドニーではアルコール飲料を思うように買えず苦労した。日本のように気軽にどこでも売っているわけではない。バーなどに併設されている場所でしか買うことができないのだ。お酒好きの人はシドニー来訪の前に、滞在地の近くでアルコールを売っている場所をしっかり調べておくといいだろう。

白状するとビール好きの僕は初日も無論飲もうと思ったのだが、結局売っている場所を見つけられずに泣く泣く断念していた。そんな前日の反省を活かし、ブルー・マウンテンズ国立公園からの帰り道にカトゥーンバ駅近くにあったスーパーマーケット内のリカーショップで購入しておいた。

旅先でその国のビールを飲む。美味しいとか不味いとか、味云々ではない。これは一種の儀式のようなもの。ビール党の人には分かってもらえるはずだ。

食事後はテレビに映る英語のニュース番組をぼんやりと見流す。画面の中のキャスターが何を伝えてくれているのか、その半分も理解できなかった。

「そういや、こんなに大量のセロリをいっぺんに摂取したのは人生初だな」などとどうでもいいことを考えていた。

シドニー観光三日目。明日の成田国際空港行のフライトは朝八時十五分発。早朝空港に向かわなければいけないので、実質この日が観光最終日となる。

一日の始まりは昨日同様、ホテル内のCAFE Operaでビュッフェスタイルの朝食。入口で部屋ナンバーを告げると席まで案内してくれる。「お飲み物はいかがですか？」の問いかけに寝覚めのブラックコーヒーをお願いした。

レストランの一角に、高級ホテルでは定番のオムレツのコーナーがあった。オーダーが入るとシェフが目の前で一つ一つ作ってくれるというやつ。不覚にも昨日は見落としていた。中に入れる具材の違いで三種類用意されていたのだが、本当に美味しかった。思わずお替りもしてしまったほど。あれ？　待てよ、たしか「オムレツ一つあたり卵三個分」って英語で書いてあったような。ということは卵六個？　それと別にスクランブルエッグも普通に食べた。いくらなんでも朝から卵の食べ過ぎだ。

食事を済ませると「明日は暗いうちに出ちゃうからこれで食べ納めか」と思いな

がらレストランを出た。最終日、早朝の帰国便でホテルの朝食が食べられないというのは地味に痛いデメリットだよなあ。

この日最初の目的地はシドニー湾に浮かぶコッカトゥー島。サーキュラー・キーからフェリーに乗って向かう。

サーキュラー・キー・フェリー・ターミナルからはF1からF8まで八系統の航路が出ている。案内版を見るとF3もしくはF8に乗車すればよさそうだ。

フェリーも電車同様Opal cardで乗ることができるので、ホテルからターミナルに来る間に駅で十豪ドルチャージしておいた。この旅で追加チャージしたのは昨日のカトゥーンバ駅に続いて二回目だったかな？

乗り場はWharf 2からWharf 6までの五箇所。お目当てのフェリーが出るのはWharf 5だった。

乗り場自体が海の上に浮かんでいる状態なので、結構揺れる。三半規管が弱い人や眩暈を起こしやすい人は、ギリギリまで乗り場に入らず、その手前で待っていた方が得策。船が着いてから接岸、乗船できる状態になるまで、ある程度時間には余裕があるので、駆け込み乗船になる心配はない。

間もなく、乗船するフェリーがやってきた。操縦士は船が当たるか当たらないかの絶妙な距離感で岸壁に寄せていく。すると船上の係員がぽんと岸に飛び移り、ボラードと呼ばれる船を繋留しておく杭にロープを引っかける。慣れているとはいえ本当に手際がよく上手いものだ。これだけで拍手喝采したくなった。

乗船の際に「コッカトゥーアイランド?」と語尾を上げて聞いてみると、係員がコクリとうなずいて返してくれた。

乗客は二十人くらいだろうか。船内は広く座席もたくさんあった。フェリー乗り場を離れてすぐ、右手にオペラハウスが見えた。海上からこの美しい世界遺産が見られるのも船の特権。やがてハーバーブリッジの下をくぐり、フェリーは西に航路を取った。

普段フェリーや船に乗らない場所で生活している人間としては、こういう体験は新鮮でプチクルージングのように感じられて楽しい。間違いなく旅先でテンションがあがるイベントの一つ。心配していた船酔いも大丈夫そうだ。

この日はホテルを出た時から空模様が怪しかったが、ついに空からポツポツと雨粒が落ちてきた。船の窓をツーっと雨水が伝っていく。「どうか、コッカトゥー島では降られませんように」と心の中で祈りながら外の景色を眺めていた。

島に着いたのは十一時少し前。サーキュラー・キーから二十分ちょっとの船旅だった。

フェリー乗り場がある島の北側で下船。ここで降りたのは十人ほどだったが、そのほとんどが僕たちのような外国人観光客ではなく地元の人のようだ。オペラハウスに代表される「旅行者が必ず行く有名スポット」というより、「シドニー市民が気軽に息抜きできる場所」という感じなのだろうか。

先にも触れたが、このコッカトゥー島は一昨日訪れたハイド・パーク・バラックスとともに、世界遺産「オーストラリアの囚人遺跡群」の構成資産の一つになっている。シドニー湾で一番大きな島だが、広さは十八ヘクタールほど。三十分もあれば歩いて一周することができる。

かつてこの島にはアボリジニの人々が住んでいたが、一八三九年に囚人収容施設となることが決定。一八三九年から一八六九年までの三十年にわたり囚人の流刑地とされた。その後職業訓練校や少年院として利用され、第二次世界大戦中は軍艦建造のための重要な施設だったそうだ。

現在はオーストラリア政府管理の下で貴重な遺構として公開されるとともに、観光客のためのキャンプ場なども作られている。映画祭やアートイベントも行われているのだとか。

元々は囚人施設だったこの地が、今ではそういったエンターテインメント、人々を楽しませる娯楽の場として提供されていることに驚いた。

上陸ポイント近くにあったビジターセンターで島の地図をもらい散策を開始。心配していた雨は上がり青空も見えてきた。絶好の観光日和だ。

コッカトゥー島は中央部に高くなっている丘のようなものがあり、丘の上の「Upper island」と丘の下の「Lower island」にざっくりと分けることができる。

まず向かったのはUpper islandの「Convict Precinct」と呼ばれる場所。和訳すると囚人地区という意味だろうか。乾いた砂の色をしたレンガ造りの建物が立ち並んでいるこのエリア。ついさっきまでいた青い海と豊かな自然溢れるオーストラリアから、まるで違う国、西アジアかアフリカ北東部にでも一瞬で飛ばされてしまったかのような錯覚すら覚えた。写真に収めると空のブルーとベージュ色の建物のコントラストが実に美しかった。

そこから少し歩くだけで、島はまたガラッと違う顔を見せてくれる。「Ship Design Precinct」と呼ばれる造船所時代の工場跡が立ち並んでいる場所。錆び朽ちて茶色に変色したトタン屋根、かつて多くの人が働きそのまま放置された作業場。このエリアを歩いていると、この島が「オーストラリアの軍艦島」とも言われる理由が分かる。僕は決して廃墟マニアではないが、確かにそこにあった人々の暮らしと記憶に触れ、何とも形容し難い感情に襲われていた。

同じ島のはずなのに次々と色々な景色が現れ興味深いなあと思いつつ、散策を続けた。

ところで、もらった地図を片手にUpper islandを歩いていたのだが、何度も「あれ？　ここはどっちだ？」となることがあった。一度立ち止まり、落ち着いて確認してみても今どこにいるのか分からないなんて時も。

「こんなたいして大きくない島で迷うなんて情けない」と思うも、これも見知らぬ異国の地に来たからこその体験。

そのうち、「島」という特異な環境も相まって、あたかも自分がロールプレイングゲームの主人公になって冒険しているみたいな感覚になりワクワクしてきた。

「もしかしたらこの地図はゲーム攻略の重要なアイテムなのでは！」なんて。

残念ながらここには、勇者の助けを待つ美しいプリンセスも、古より伝わる伝説の財宝などもなかったが。

Upper island から Lower island に下り、フェリーで上陸した付近まで戻ってきた。

ビジターセンターの左手には広い空間があった。「Eastern Apron」と呼ばれているエリアで、当時作業場として使われていた場所。造船作業がしやすいように海面に近い高さまで島を削り取ったのだそうだ。すぐ横にある崖のように見えるのが削り取った断面で、削り残した部分、つまりこの崖の上部が先程までいた Upper island というわけだ。

「Industrial Precinct」、直訳で工業地区と呼ばれるエリアを抜けて島の南側に行ってみる。

その先にあったのがコッカトゥー島のシンボルの一つにもなっている「Fitzroy Dock」。船舶の建造や修理を行うドックだ。現在船は一艘も泊まっていないが、一八五〇年に囚人により建設されたオーストラリアとしては初の造船施設だそうだ。

すぐ隣には「Sutherland Dock」という船渠が対をなすようにあるのだが、そちらには現役の船が複数停泊していた。過去と現代の対比を見るようでなかなか面白い。

めぼしいスポットは回ったので観光はこれで終わり。せっかくなのでシドニー中心部に戻る前にお茶でもしていこう。

島内には飲食できるカフェが二つある。一つはFitzroy Dockの近く、そしてもう一つがビジターセンターそばにある「Societe Overboard」という店。島では海風もあり少し体も冷えたので、ここで温かくて甘いホットチョコレートを注文した。

対応してくれた若い女性店員の笑顔がチャーミングでとても優しかった。シドニーは本当に心が温かくて感じがいい人ばかりだなあ。

気持ちのいいテラス席でまったりしていると、六十代か七十代くらいのオーストラリア人らしき男女十人程度のグループがやってきた。

散策している時にも何度か見かけた人たちで、それぞれ首からカメラをぶら下げ、思い思いに写真撮影を楽しんでいた。三脚を立て黙々と撮っている人もいれば、三、四人で談笑しながら回っていた人も。プロカメラマンというより、リタイア後の趣味のカメラ倶楽部といったところかな。

僕も趣味レベルでミラーレス一眼を使っている。もし数十年後にまたこの島に来ることがあったなら、その時は僕も仲間に入れてほしい。

「囚人施設跡」や「廃墟」と聞くと、ちょっと怖いというイメージを持つ人も多いかもしれない。だがこのコッカトゥー島は全くそういった雰囲気ではなく、家族みんなでリラックスして過ごせる場所、そんな世界遺産の島だった。

午後一時十三分コッカトゥー島発のフェリーに乗車。来る時に乗った船とは大きさと形が明らかに違う。何種類か型があるのだろうか。

行きは船内の席だったので、帰りは屋根の上のオープンエアな席に座ってみた。空は見事なほどの快晴。ポカポカ暖かい太陽の日差しの下、吹き抜ける爽やかな海風と海鳥たちの鳴き声のBGM。思わず隣に座る外国人カップルとハイタッチでもしたくなるような最高のシチュエーション。

ところが天国だったのは途中まで。いつの間にやら空は雲に覆われ雨もポツリポツリ、急激に寒くなってきた。すっかり浮かれて、今が初冬の時期ということを忘れていた。大反省。船の外席に座りたいなら真夏の時期はともかく、それ以外の季節では一枚余計に羽織る物は必須だ。

すぐに階下の船内席に戻ればいいのだが、所々雲の隙間から青空も見えているし、本格的な雨でもない。何よりこのままおめおめと退散するのもなんだか悔しい。先程のカップル含め、周りの外国人たちもみんな同じ考えなのか、誰一人として動こうとしない。海外、特に欧州では多少の雨では傘をささない人が多いとも聞くし。

そんなことを悶々と考えていたら、目的地のシドニー市街地方面にうっすらと虹が。ハーバーブリッジとレインボーの美しい共演は、寒さに堪えて頑張った人たちへの空からの贈り物のようだ。絶好のシャッターチャンスと言わんばかりにカメラを向けるが、僕の拙い撮影技術ではこの感動を伝えられるような一枚を撮ることはできず、いつしか虹は消えてしまった。昔聴いたミスチルの曲のワンフレーズを思い出していた。

サーキュラー・キーに戻ってきたのは午後一時半過ぎ。ありがたいことに着く頃には再び青空になっていたので、オペラハウス周辺をぶらぶらと散策。こうしてシドニーの海を眺めながらのんびり歩くのもこれが最後か。またここに来られるのはいつになるだろうか。

この周辺で遅めの昼食を取ることにした。最後のランチくらいはちょっと贅沢にしようと思い、海を臨む場所にあった「Buckley's Craft Beer Bar」という店へ。よく考えるとホテルの朝食以外で、ちゃんとしたレストランに入るのはシドニー初。あれ？　そもそも昨日は昼ご飯食べたっけ？

せっかくならと屋外の席を選び、僕はハンバーガー、妻はフィッシュ&チップスをオーダー。それぞれビールと白ワインを一杯ずつ頼んで、全部で六十五豪ドルくらいだったかな？

「食事は極力お金をかけない派」の僕たち夫婦からすると、相当の贅沢をしてしまった。でも量も味も大満足だったからオーケー。

海に面したテラス席は雰囲気も抜群で風も通ってとても気持ちいい。ただし一つだけ注意点がある。それは周囲にたくさんいるカモメたちだ。彼らは「隙あらば」

と常に客の食べ物を狙っている。

注意はしていたものの一瞬の隙を突かれ僕たちもやられてしまった。テーブルの上のフライドポテトめがけて飛び込んできたのだ。侵入してきたカモメは店員がすぐに追っ払ってくれたが、その手際も慣れたもの。彼らが客の食べ物を奪いにくるのは日常茶飯事の出来事なのだろう。

もし日本だったら腹も立ち、文句の一つも言いたくなったかもしれないが「これもいい思い出だなあ」と感じられるのは海外マジック。

その後は土産を買いに街の中心部へ。食事中にまた降り始めた雨は、ジョージス

美味しいハンバーガーとフライドポテト。この直後、まんまとカモメにやられた。

トリート沿いの店を物色している時にはすっかり本降りになっていた。
思えばこの日はずっと不安定な空で雨が降ったりやんだりの一日だったなあ。濡れるのを極力避けて歩くのは億劫だったが、夜の帳が落ちる頃、湿ったシドニーの街はキラキラしてとても綺麗だった。

途中、まだ十代とおぼしきグループに出会った。露出度の高いセクシーなミニスカートを履いた、まだ顔に幼さの残る女の子たち。その横には、もうアルコールが入っていそうなハイテンションで騒ぐ男の子たち。
そうか、今日は土曜日の夜か。週末に若者がついついハメを外したくなるのはどこの国でも同じなのだろう。比較的治安は安定していると言われるシドニー。物騒には感じなかったが、やはり日本とは少し違うサタデーナイトの空気だった。

もう夕食の時間だが、遅めのランチでボリュームたっぷりのハンバーガーを食べたこともあり、まだお腹は空いていない。妻も同じ意見のようなので、サーキュラー・キー駅近くで見つけたジェラート店「Gelatissimo」でアイスだけ購入してホテルに戻ることにした。

テイクアウトしてホテルに向かって歩き出したが、思ったより早くアイスが溶けてきた。夜になって気温も下がってきたので大丈夫だろうという考えが甘かった。おまけに雨も強くなり、左手で必死に傘をさしながら右手で溶けはじめたアイスを持つという状態に。日本のアイスクリーム店のように持ち帰り用の蓋や、ましてやドライアイスなんてつけてくれていない。リクエストすればやってくれたのかなあ。とにかく先を急ぐしかない。

部屋に戻った頃には完全に手がベトベト。味は抜群に美味しかったが、焦って食べたのでいまいち不完全燃焼。そんなシドニー最後の夜だった。

帰国日の朝、お世話になったホテルで精算を済ませ、まだ暗い外に出た。チェックインからチェックアウトまで、さすがはラグジュアリーホテルという印象だった。お金と時間に余裕があればあと十泊くらいしたかった。

右手に持つスーツケースは土産等が増えた分、来た時よりも重くなっているはずだが、サーキュラー・キー駅への道は下り坂なので楽なものだった。

早朝五時三十一分発のエアポートリンクに乗車。途中のセントラル駅でスーツケースや大きい荷物を持った人がたくさん乗車してきた。みんな僕たち同様これから帰国だろうか、それともこれから楽しい旅行に出発だろうか。日本でも海外でも、大きなスーツケースを持っている人を見る度にそんな想像をしてしまう。

空港駅に到着したのは五時五十分過ぎ。ＪＡＬのカウンターでチェックイン手続きとスーツケースを預けたら、早々にセキュリティチェックを抜け制限エリアに出た。

友人への土産用に免税店でオーストラリアワインを仕入れ、搭乗口付近にあったフードコートに向かう。いくつかの飲食店の中から「いかにも海外の寿司チェーン店」という佇まいの所で巻き寿司を購入。具はツナアボカド。夫婦二人で一つをシェアし、これをシドニー最後の食事とした。入っていた容器の蓋部分でワサビ醤油を作り、ちょんちょんと付けて口に入れる。うん、美味しい。どの国に行っても、帰国する頃には日本食が恋しくなっているんだよなあ。

搭乗したＪＬ７７２便はエコノミークラス二列四列二列のシート配置。僕たちにアサインされたのは最後尾の中央四列並びの右側二席だった。一番後ろの席ってどんなだろう、と少しドキドキしながら機体の一番後ろまで進んでいく。

僕たちと四列座席を分け合う左側二席には、六十代か七十代くらいのオーストラリア人女性とその娘さんらしき二人組がすでに着席していた。これから東京までの約九時間、すぐ近くで運命をともにする人たちだ。「よろしくお願いします」の思いを込めて軽く会釈すると、それに気付いた娘さんが優しく微笑み返してくれた。

隣は同性の方があちらも気持ち的にいいだろうということで、申し訳ないながらも奥には妻に座ってもらい、僕は通路側席に腰を下ろした。最後尾でも広々。航空会社によって一番後ろの席はリクライニングできない機体もあるという話を聞くが、ＪＬ７７２便についてはそんなこともない。むしろ後ろを気にすることなく好きなだけ座席を倒せるのは最高なんじゃないか、そう思い気を良くした。

隣の乗客にも恵まれたし、東京までストレスなく過ごせそうだ。長時間のフライトで体を動かしたくなったら、気軽に立ち上がり後ろのスペースで軽い体操もできるおまけ付き。

シドニーに来る時は空席が目立ったが、日曜日ということもあってか搭乗率はほぼ百パーセントに近い。日本人は三割くらい、外国人はアジア系より欧米や豪州の人が多い。

日本とオーストラリアはほぼ時差がないので成田国際空港にはこの日の夕方に到着予定。行きでも帰りでも目的地に夕方や夜の時間帯に到着する便というのは体への負担も少ないので個人的に一番好き。加えて機内で眠れない僕のような人間にとっては「無理して寝なくてもいいんだ。むしろ夜眠れなくなるから、起きてなきゃダメだよ」という気持ちのゆとりがある。

到着の少し前に軽食としてボロネーゼパスタが出された。トレイの上にはオーストラリアのお菓子の代表格ティムタム（Tim Tam）が添えられていた。ティムタムは土産に選ばなかったが、やはり定番は買っておいた方がよかったかな。

そういえば、隣で眠る妻がオーストラリアと聞いて真っ先に旅の目的としていたコアラ。思い返せばシドニーで禁止されているコアラ抱っこはもちろん、彼らのいる動物園に行くこともなく終わった。僕が世界遺産訪問を最優先にして連れ回したからという理由もあるが、結局最後までコアラの姿を見ることすらなかった。

それでも満足そうな寝顔を見る限り、彼女なりにシドニーという街を満喫したようなので、今回はひとまずよしとしておこう。

第二章

二〇一九年十月
韓国　ソウル

僕は妻と成田国際空港午後八時発、ソウル・仁川国際空港に午後十時半着予定のエアソウルRS704便に乗っていた。

これから二泊三日のソウル旅。と言っても、到着時間を考えると初日は移動のみ。最終日の帰りのフライトは仁川空港午後四時四十分発予定なので、実質観光できる時間は一日半という弾丸旅だ。

エアソウルは韓国の格安航空会社、通称LCCの一つ。FSC（フルサービスキャリア）であるアシアナ航空によって設立された。LCC激戦国と言われる韓国において、比較的広いシートや無料受託手荷物サービスなどで日本人にも評判の航空会社だ。

航空券の料金は、一人分諸税込で成田〜ソウル間往復一万三千二十円という破格の値段だった。LCCはセールやキャンペーンを頻繁に行うことはよく知られている。日本〜韓国間のような激戦路線では尚更で、利用客を獲得しようと各社競って驚きのプライスを出してくる。くる。今回のチケットも数か月前のセールで購入した「特別運賃」というカテゴリのチケットだった。

「空気を運ぶくらいならどんなに安い運賃でも人を座席に座らせた方がまだマシ」とは航空業界でよく聞くが、正直「こんな無茶苦茶な価格で利益が出るのか？」と思うようなプライスを目にすることもある。

何かの記事でＬＣＣは座席代ではなく、受託手荷物や機内食といった付加サービスの部分で利益を出していると読んだことがある。ＦＳＣでは元から運賃に含まれているケースが多いが、ＬＣＣではその全てが有料となる。毛布一枚もらうのも、お水を一杯もらうのにもお金がかかるのだ。

僕はＬＣＣで受託手荷物や機内食を頼むことはほぼない。もちろん今回も。こんなに安い金額で飛行機に乗せていただいて、付帯サービスを何も利用しないのはなんだか申し訳ないなと思ったりもする。

搭乗時には、かわいいポロシャツのようなトップスを着た客室乗務員が笑顔で出迎えてくれた。コーポレートカラーであるミントグリーンが差し色となった黒と白のボーダー柄の制服。ＦＳＣの航空会社でよく見られる、定番のビシッとしたジャケット姿とはテイストが違う。肩の力を抜いたカジュアルなスタイルに好感を持つと同時に、身体のラインが分かるタイトな服装に少しドキッとしてしまった。

機体はナローボディ機で真ん中に通路を挟んで左右三列ずつの座席配置。ここでも鮮やかなミントグリーンのヘッドレストカバーが目を引く。座ってまず感じたのは前の座席との距離。拳一つを入れてもまだ前の座席とは余裕があり、「狭い」とされるＬＣＣの概念をいい意味で裏切ってくれた。親会社であるアシアナ航空で使用していた機体を改装して使用しているからだろうか。

乗り心地はほぼFSC!?　エアソウルは座席も広々で快適過ぎるLCC。

もう一つアシアナ航空時代の名残と思われるのが、ＬＣＣにしては珍しく個人モニターが全座席に設置されているという点。だからといって映画やドラマといったエンタメが見られるわけではなく、ひたすらフライトマップと宣伝広告がエンドレスでリピートされているだけ。

「それじゃあ意味ないじゃん」と言う人もいそうだが、僕はフライトマップを眺めているのが大好きなのでこれだけでかなり嬉しい。

搭乗率は百パーセントに近いように見受けられた。空席を探すのが難しいほどだ。僕たちは三列並びシートの通路側と真ん中の席に座っていたが、奥の窓際席には二十代くらいの韓国人男性が座っていた。少し離れた同世代の韓国人男性とアイコンタクトしている様子を見ると、おそらく友人数人と搭乗したが、生憎近い席が確保できず一人だけ離れて座っていたようだ。

この時は二〇一九年の十月末。「日韓関係の悪化から日本～韓国路線の利用客が激減している」としきりにセンセーショナルな報道がされている頃だったが、少なくともこの日のＲＳ７０４便ではそのようなことは微塵も感じなかった。

安定飛行に入り、シートベルトサインが消灯。それと同時に客室乗務員たちが一斉に食事や飲み物を配りはじめた。エアソウルは機内食サービスが有料。食事をあらかじめ注文していた人、もしくはアシアナ航空のコードシェア便の乗客が対象と思われた。

やけに慌ただしく動いているなと思ったが、よく考えたら成田～ソウル間は国際線とはいえ飛行時間が短いので、すぐに提供しないと時間が足りなくなるのだろう。

一段落すると僕たち他の乗客にも何か食べ物や飲み物はどうですか？と聞きにきてくれた。乗っている時間も僅かなので何も注文しなかったものの、座席前のポケットに入っていたメニューを見てみると結構充実している。韓国ビールやＬＣＣ機内食の定番ともいえるカップ麺、美味しそうなホットミールなんかもあった。

定刻より十五分ほど遅れて仁川空港に到着。まずは入国審査へ。韓国人向けのカウンターには長蛇の列ができていたが、僕たち外国人向けのカウンターはガラガラ。入国審査というのは、何度海外に出かけていても毎回緊張するものだ。特に初めて訪れた国では尚更。僕は英語ならば多少コミュニケーションは取れるが、韓国語は残念ながらほとんど分からない。

大丈夫かなと身構えていたのだが、パスポートと入国カードの提出、指紋・顔写真の登録で終了。係員からの質問等もなく、拍子抜けするほどあっけなく終わった。「アンニョンハセヨ」と「カムサハムニダ」くらいしか韓国語を発していなかったような。

入国審査を抜け受託手荷物を受け取るエリアでは、端正な顔立ちをした韓流アイドルたちの大型パネルが出迎えてくれた。多くの人がその前で記念撮影タイム。大変申し訳ないが、韓流アイドルは男性も女性も全くと言っていいほど知らない僕たち。こちらの美男美女がどなたかは分からず。ファンの人、ごめんなさい。

預けていた荷物もなかったので、午後十一時過ぎには到着ロビーに出ることができた。

仁川国際空港はアジアでも有数の巨大ハブ空港で第一と第二、二つのターミナルがある。両ターミナルは少し離れているので、移動するには途中「コンコース」と呼ばれる搭乗棟を経由してシャトルトレインを利用することになる。

僕たちが到着したのは第一ターミナル。この時間でもたくさんの利用客が行き交っていた。夜遅いので明かりが落とされている場所もあるが、それでも隅から隅まで見て回るとなったら一日では足りないだろうなと思わせる雰囲気が漂っていた。僕以上に空港大好きな妻の目がキラキラしている。

そうはいっても、もう日付が変わる一歩手前。とにかく無事にホテルまでたどり着かなければいけない。色々見て歩きたいという気持ちをぐっと抑えて、空港物色は最終日のフライト前まで楽しみに取っておくことにしよう。

空港から移動するには空港鉄道かリムジンバス、もしくはタクシーが主な手段になる。まだぎりぎり電車が動いている時間だったので、空港鉄道を利用することにした。

案内表示に従って歩いて行くと十分ほどで鉄道の駅に着いた。空港から出る最も一般的な交通手段ということもあり、僕たちの他にも大きなスーツケースを持った旅行客がたくさん。

その姿に仲間意識というか、シンパシーを感じてしまうのは僕だけかな。

「フライトお疲れ様でした！　お互い異国の地での旅を楽しみましょう！」って。


空港鉄道には空港とソウル駅間をノンストップでつなぐ直通列車と、各駅に停車する一般列車の二種類がある。所要時間は直通列車の方が十五分ほど短いのでそちらを利用したいところだが、生憎終電が午後十一時前に出てしまっていた。

では一般列車はというと、ソウル駅行の終電は夜十一時半過ぎまである。ソウル駅までは行かないが、途中の「デジタルメディアシティ」という駅までなら深夜十二時近くまで走っている。

日本を発つ前にこの情報を得ていたので、初日は空港の近く、現在いる仁川国際空港第一ターミナル駅から二つ目の「雲西」という駅近くのホテルに宿泊。そして二日目はソウル市内の中心エリアに宿泊、というプランにしていた。

万が一、フライトが遅れる等で一般列車の終電に間に合わなくても、雲西駅周辺までならタクシーで安く行けるだろうとも考えていたからだ。幸い大幅な遅延はなく予定通り電車で雲西まで向かえそうだ。

まずはT-moneyカードという韓国の交通系ICカードを購入。日本でいうSuicaやPASMOみたいなもので、カード購入後にお金をチャージして使用する。切符に相当する一回用交通カードというものも存在するのだが、今回は電車での移動がメインになるので都度購入するよりチャージタイプの方が断然便利。

T-moneyカードは改札近くの自動券売機の他、インフォメーションセンター、空港内のコンビニでも購入できる。自動券売機には通常デザインの他に、LINEフレンズ（メッセンジャーアプリ「LINE」のキャラ）のブラウンとコニーがプリントされたバージョンも並んでいた。二人（？）とも韓国の伝統衣装を着ている。

迷わずＬＩＮＥフレンズデザインをチョイス。

購入したカードに別の機械でチャージをしたら改札へ。改札横にはポケットサイズに折り畳める、ソウル中心部の電車の路線地図が置かれていた。無料だったのでありがたく僕と妻の分を手に取る。

慣れない海外の土地では、こういったフリーのガイドマップや地図の類はとにかくもらっておくことにしている。後々記念になるからという面もあるが、その多くがツーリスト向けに作られているため、何かと使いやすく便利だからだ。

特に、滞在中に何度も利用することになるであろう公共交通機関のマップはとても助かる。移動する際にいちいちネットに繋いでグーグルマップを開いたり、かさばる観光本の地図ページを探したりするのは面倒。

日本語版がない場合は言語の壁が多少あるものの、そこは感覚で理解できる。そして何より汚れや破れを気にせずにガンガン使い倒せるのがいい。実際今回の旅でも一番お世話になったのは、この時頂戴した路線地図だった。

夜十一時二十分発の空港鉄道に乗車し、あっという間に雲西駅に到着。とても近代的な駅で、航空会社の客室乗務員らしき女性たちも数名降りるのが見えた。空港へのアクセスもいいし、もしかしたら雲西駅周辺には、各航空会社ご用達のホテルが複数あるのかもしれない。

予約してあるホテル「ゴールデン チューリップ インチョン エアポート ホテル&スイーツ」は駅の一番出口を出てすぐ左手に見つかった。

エントランスそばには韓国の大手コンビニチェーン「GS25」があった。そこで食料と酒を調達し、宿の部屋で韓国到着の祝杯を上げることにしよう。こんな真夜中に食べるのは少々気が引けるけどね。

店の前には簡易的なテーブルと椅子数脚が置いてあり、そこで四、五人の女性グループが酒盛りをしていた。年齢は二十代から三十代くらい。仕事帰りの軽く一杯的な感じで楽しそうだ。十月末の深夜だから外は結構冷え込んできていたし、飲食店の屋外席ならまだしもコンビニ前で女性だけで飲んでいるというのも正直驚きだった。この辺りは治安的に安心なエリアなのだろう。

ホテルのフロントにはすらっとしたスマートな男性スタッフが二人。少しドキドキしながら韓国語で話しかける。

「アンニョンハセヨ」

「あ、日本の方ですか？　チェックインでよろしいでしょうか？」

空港近くなので日本人客も多いに違いない。僕の拙い韓国語、もしくは出で立ちやスーツケースから察したかは分からないが、僕たちの様子を見て即座に日本語で返してくれた。

ここは予約サイトを通じて事前に手配していた。スタンダードタイプのツインルームで一泊一室の二名利用で五万九千五百ウォン、日本円で五千三百円ちょっと。中はとても綺麗で清潔感がある。開業してまだあまり年数が経っていないと予約サイトに載っていた。エントランスホールもなかなか洒落ていて豪華な造りだ。朝食なしのプランとはいえ、空港からすぐの駅近でこの価格は相当破格。

部屋に入りベッド横のテーブルで早速、韓国ビールＣＡＳＳの三百五十五ml缶をプシッ！と開ける。つまみは全州ビビンパ味の韓国海苔巻き「キンパ」とポークリブＢＢＱ味のポテトチップス。

ゴクゴク、うん、美味い！

韓国のビールは薄くて美味しくないという声も聞くが、むしろ僕はこれくらいスッキリしている方が飲みやすくて好き。

お腹を満たしたら明日からの観光に備えてベッドでゆっくり体を休めよう。この年齢で食べてすぐ寝るというのはどうかと思うが、もう夜遅いし、旅の初日の夜なのだから特別にオーケー。

翌朝、目覚めてみると「あれ？　なんだか頭が痛いというか、重いぞ？」と感じた。昨夜飲んだ缶ビールが原因か、調子に乗って短時間で一気に二本空けたからか。日本でも余程飲み過ぎた時くらいしか二日酔いにならないのだが。ちょっとだけ不安にもなったが、眠気覚ましにシャワーを浴びたらスッキリ頭も軽くなったので一安心。

移動開始の前に外に朝食を食べに行くことにした。ホテルを出ると抜けるような青空で本当に気持ちのいい朝だ。

この雲西は仁川空港ができてから開発された街ということもあり、伝統的な韓国の建物は少なく、近代的なビルやショッピングセンターが立ち並んでいる。一瞬「ここは日本?」と感じてしまうような街並みだが、道路標識や飲食店の看板に書かれたハングル文字が間違いなくここは異国の地なのだと教えてくれる。

意外だったのは平日の朝だから通勤客でたくさんかなと思っていたが、車通りはそれなりにあるものの歩道を行き交う人は少ない。この時たまたまだったのか、それとももっと早い時間帯は混雑していたのかは定かではないが、街は驚くほど静かで穏やかだった。

ホテルから徒歩数分の距離で見つけたのは、韓国生まれのカフェチェーン「カフェベネ」という店。ここでホットコーヒーと軽いサンドイッチでもいただこう。一時期日本にも進出していたようだが、現在は撤退してしまったチェーン店らしい。注文したのはアメリカンコーヒー二つとハムチーズのホットサンド一皿。ホットサンドは二つにカットされていたので、妻と一つずつシェアして食べる。価格は合計一万二千三百ウォン。

チェックアウト後、ソウル市内を目指して移動開始。雲西駅九時五十四分発のソウル駅行に乗車した。

雲西駅を出た時は空席も目立ち座ることができたが、ソウル駅に近づくにつれ徐々に車内は混みあってきた。途中の駅で七十代くらいのおばあちゃん二人が乗ってきたので、妻ともども席を譲った。そのまま近くに立っていたら、そのおばあちゃん達から韓国語で話しかけられるも言葉が分からず、ただただ笑顔を返すだけ。

こんな時、現地の言葉が話せて意思疎通ができたなら、もっと世界が開けて楽しいのだろうな、といつも思う。

ちゃんと返答できなくてごめんね、おばあちゃん。

約五十分でソウル駅に到着。そこで地下鉄四号線に乗り換えて「忠武路」という駅までやってきた。この日泊まるのは、忠武路駅近くにある「ティーマークホテル明洞」というホテル。日本の旅行会社やパックツアーでもよく利用されるので、聞いたことがある人も多いだろう。

駅を出て徒歩数分の距離、すぐにホテルは見つかった。フロントスタッフは昨日同様、日本語で対応してくれた。韓国語が理解できない僕たちにとっては、本当にありがたい限り。昼前なのでまだチェックインはできないと思っていたが、すでに部屋も準備済みだから入っていいとのこと。ひとまずスーツケースだけ預かってもらうつもりだったので、これは助かった。

部屋はスタンダードなツインルームで、こちらも日本にいる時に事前予約しておいた。一泊一室の二名利用で八万ウォン。後日のカード請求額は七千五百円ちょっとだった。ここでも明日の朝食は付いていないプラン。

予想外に部屋に入れたが、ここで悠長にもしていられない。何しろ今回は実質一日半しか観光する時間がないのだ。荷物を置き身軽になったら、すぐに世界遺産を目指して出発することにした。

忠武路駅から地下鉄三号線に乗り、三つ目の「安国」という駅で降りた。ここから徒歩五分ほどで、今回初の世界遺産となる昌徳宮に着いた。

昌徳宮はソウルにある五つの古宮の中の一つ。古宮とは朝鮮王朝の時代に王様が暮らしたり政務を行ったりしていた場所で、五つの中で唯一世界遺産になっているのがこの昌徳宮だ。

昌徳宮は「一般観覧エリア」と「後苑特別観覧エリア」、大きくこの二つのエリアに分かれている。一般観覧エリアは自由観覧が可能だが、後苑特別観覧エリアはガイドと一緒でのみ見学できる。

入口のチケット売り場では一般観覧エリアの入場券のみ販売しているが、後苑特別観覧エリアは一般観覧エリアの奥にある。つまりは見学者全員がひとまずここでチケットを購入することになる。平日だしそんなに混んでないかなと思っていたが、すでに二十人ほどの行列ができていた。アジア系だけではなく、欧米人の姿も多く見られる。

そしてもう一つ、やけにたくさんいるなと感じたものがいた。鳩だ。いつもこんなに多いのか、この時たまたまだったのかは不明だが、かなりの数の鳩が頭上を飛びまわったり、首を前後に揺らしながら足元をぴょこぴょこ歩いたりしている。

チケットの列に並んでいると、前にいた東南アジア系の女性が持っていたパンのようなものを鳩にあげだした。初めは「鳩もかわいいな」と思っていたが、パンを地面に放るたびに十数羽の鳩がそれめがけて殺到してくるものだから、いい加減煩わしくなってきた。もちろん当の本人に悪気はなく、博愛の精神からやっているのだろうが。

日本では神社や公園の鳩に餌をあげることはＮＧという風潮になってきているが、海外ではどうなのだろう。「餌をあげるのはやめて」と言おうものなら「日本人はなんて冷たいんだ」と思われてしまうだろうか。

敦化門という大門の所で、購入したチケットを見せて中に入った。この門は太宗十二年（一四一二年）に創建された昌徳宮の正門。ソウルに現存する木造の二層門としては最古なのだそうだ。文禄の役で焼失したが、宣祖四十一年（一六〇八年）に再建された。

ソウル最古の石橋といわれている錦川橋を渡り、その先にある進善門をくぐるとやや広い空間に出た。

写真撮影をしやすいこの広場で、特に多く見かけたのがカラフルな韓服を着た女性たち。あれがチマチョゴリと呼ばれる服だろうか。顔を見ると着ているのはアジア系の人ばかり。しかも日本人や中国人というより韓国の人が多いように見える。

おそらく近くに貸衣装屋さんがあるのだろう。国内旅行で訪れた韓国女性が伝統衣装を着て写真を撮りたいという感じなのかな。イメージ的には日本人の若い女性がレンタル浴衣を着て、浅草や京都辺りを散策する感覚に近いのかも。

昌徳宮の正殿である仁政殿までやってきた。まさに昌徳宮の顔ともいえる存在で、ウェブサイトやガイドブック、パンフレットなどでもよく目にする表御殿だ。太宗五年（一四〇五年）に築かれたが、現在のこの建物は純祖四年（一八〇四年）に再建されたものだそうだ。ここで王の即位式や臣下の朝礼式など、国の各種儀式や重要行事を行っていたとのこと。

当たり前ながら日本にもこういった歴史的な建造物はたくさん存在するが、韓国のそれは明らかに佇まいが異なる。一目で違うと感じるのはその色使いだろう。真っ先に目に入るのは鮮やかな緑色。日本の寺などではあまり見られない色だ。

こうした伝統的な宮殿や寺などで、赤と青と緑の模様が施されている独特な色使いは「丹青」と呼ばれている。韓国人は「丹青は韓国を象徴する色彩の美である」とも言うらしい。

一際目立つのは綺麗なエメラルドグリーンだが、実際には青・赤・黄・白・黒の五つの色で構成されていて、これは陰陽五行の思想が元になっているのだとか。青は木、赤は火、黄は土、白は鉄、黒は水を象徴しているそうだ。

仁政殿のすぐ隣にあるのが宣政殿。王が日常的な政務を行っていた場所で、ここで臣下と国政を議論することもあった。何より目を引くのはその瓦の色。何とも美しい青だ。このような青い瓦の宮殿は、現存しているものとして韓国で唯一とされている。

ちなみに現在の韓国の大統領官邸は「青瓦台」といわれ、屋根に青い瓦が張られている。韓国関連のニュースなどで度々映し出されるので、テレビなどで見たことがある人も多いだろう。英語ではアメリカのホワイトハウスのように「ブルーハウス」と呼ばれている。

宣政殿の東の位置にあるのが熙政堂。一九一七年に焼失したが、昌徳宮と同じく古宮の一つである景福宮から建物が移築された。ここが王の日常生活の場だったそうだ。

やや狭い熙政堂の横の道を歩いて行くと、まるで隠れるように大造殿がある。ここは王妃の生活空間であり、屋根に棟瓦がないのが特徴の一つ。熙政堂同様、焼失後に景福宮から建物が移築され現在の姿になった。

昌徳宮の東の隅には「楽善斎」というエリアがあった。明らかに今までの雰囲気と全然違う。豪華絢爛な宮殿建築とは異なり、小ぢんまりとした古い家屋が並んでいる。異郷の地でありながらどこか懐かしい、ほっとするような空気ですらある。

ご存知の人も多いかもしれないが、楽善斎は日本の皇族と関わりがある場所としても知られている。楽善斎、錫福軒、寿康齋で構成されていて、元々は二十四代王の憲宗が側室を迎え入れるために建築された。大韓帝国最後の皇太子李垠に嫁いだ李方子妃（日本の皇族・梨本宮家の長女。日本名は梨本宮方子）が、韓国での住居とした場所だそうだ。

僕は歴史にそこまで明るい人間ではないが、訪れた海外の世界遺産の地で、祖国日本との思わぬ過去の関わりを知るのはとても感慨深い。その関係が友好的なものだったとしても、悲しいものだったとしても。

一般観覧エリアの一番奥までやってきた。この先の後苑特別観覧エリアに進むには、ここで追加料金を払う必要がある。

後苑は王の休息の場として使用された庭園で、太宗五年（一四〇五年）の昌徳宮創建時に造られた。

僕たちは時間も限られていたので今回はパス。次の訪韓時の楽しみにとっておこう。尚、後苑エリアはガイドツアーでのみ見学可能なので、前もって日本語ガイド時間を調べておくといい。

ここには隣接する別の古宮・昌慶宮へのゲートもあるので、今まで以上に人が多い。中にはアイドル衣装のような服を着て撮影会をしている若者もいた。道も広く抜けもいいので、韓国の伝統的な宮殿をバックにいい写真が撮れるのだろう。シャッターを切るたびにプロのアイドルのようなポージングを何パターンも繰り返す。次から次へとポーズを変えていく様子に「へえ、うまいもんだなあ」と妙に感心してしまった。

見学を一通り終えたので、首から下げたカメラでパシャパシャ撮影しながら、入口まで戻る。長袖のコットンシャツに薄手のジャケットを羽織ってちょうどいい気温。ぶらぶら散策するには最高の陽気だ。

錦川橋付近は大賑わいで、ここを訪れた二時間ほど前より明らかに観光客が増えていた。たくさんのチマチョゴリを来た女性たちを見ていると、かつての韓国の王宮にタイムスリップしたかのようだ。色とりどりで美しい韓服姿の集団の間をすり抜けて、初めに僕たちを出迎えてくれた敦化門へと向かった。

昌徳宮のあとは、次の世界遺産「朝鮮王朝の王墓群」の構成資産「宣陵」と「靖陵」がある三陵公園に行く予定を立てていた。

錦川橋付近。色とりどりのチマチョゴリを着た美しい女性たち。

しかし、思いのほか昌徳宮で時間を費やしてしまった。お昼はとっくのとうに過ぎている。調べてみると三陵公園の最寄り駅は「宣陵」という駅らしいが、ここからだと地下鉄を乗り継いで少々時間がかかりそうだ。さらにそれから昼食となるとかなり遅い時間になってしまう。

適当にその辺でパパッと済ませてもいいのだが、この日はホットサンドとコーヒーのみの軽い朝食だったのでお腹も空いている。さすがにここは腰を落ち着け、ちゃんとした食事をしておきたい。

というわけで、三陵公園は諦めておとなしく昼食を食べに行くことに予定変更。明日訪問するかどうか、改めて考えることにしよう。

向かうのはソウル観光といえば誰もが真っ先に思い浮かぶに違いない明洞だ。飲食店もたくさんあるだろうし、宿のある忠武路駅からも電車で一駅の距離だから何かと都合がいい。

地下鉄を乗り継いで明洞駅に着いたのは午後二時少し前。

さてどこで何を食べようか。朝はパンだったから是非とも米がいい。そしてできれば韓国っぽいものを胃袋に入れておきたい。

ｉＰｈｏｎｅで検索して選んだのは「黄金牧場 明洞本店」。情報によると、本格的な豚肉や牛肉を楽しめる焼肉屋とのこと。なるほどなるほど、いいじゃないか。

韓国ツウの人からすれば「またベタなところに行ったな」と笑われそうだが、旅における食の優先順位がとても低い僕たち。今回のように初めて訪れる地での飲食店は、ガイドブックに載っているような「観光客におすすめ！」の店がちょうどいい。味もたぶん悪くないだろうしね。

行列もできる人気店のようだが、お昼のピークの時間帯はすでに過ぎていたのですんなり入店することができた。案内されたのは明洞の通りを見下ろせる窓際席。僕も妻も韓国料理の定番の一つ、サムギョプサルを注文した。サムギョプサルとは厚切りにした豚のバラ肉を専用の焼き鍋で焼いたもの。バラ肉は皮と赤身と脂身が三層になっているので三枚肉とも呼ばれるが、韓国語で「サム」は数字の三、「ギョプ」は層、「サル」は肉という意味なのだそうだ。

テーブルには焼き鍋があらかじめセットされていて、肉は店員が目の前で焼いてくれる。食べやすいサイズにもカットしてくれるので、僕たちは出来上がるまで待っていればいい。楽チンで嬉しいシステムだ。

担当してくれた男性スタッフが慣れた手つきで焼き鍋に火を入れる。手には温度を計れるセンサーのようなものを持っていた。焼き鍋が十分熱くなったら肉を焼き始める、ということなのだろう。

工程は順調に見えたが、途中から僕たちもあれ?と思うほど何度もセンサーで温度を計っている。そしてついにはしきりに首をひねりはじめた。

上司なのかオーナーなのかは分からないが、若干年上に見える女性店員を呼んで、今度は二人で何やら話している。会話の内容は韓国語で理解できなかったが、焼き鍋が不調で温度が上がらなくて困っているというのはすぐに理解できた。

「あらら、せっかくの窓際席だけどこれは席移動かな」と思っていたら、どうやら焼き鍋の機嫌が直り温度が上がってきたようだ。

ただ心配だったのは、僕たちがこれから食べようという赤と白の分厚い塊が、牛肉ならまだしも豚肉ということ。「鍋の調子が悪いかもしれないけど、くれぐれもしっかり火は通してくださいね」と心の中で叫ばずにはいられなかった。

店員を横目で見てみると、肉を手際よく切り分けながら、何度もうなずいているのできっと大丈夫だろう。そうこうしているうちに無事に完成したようで、さわやかな笑顔とともに食べていいよの合図が出た。

肉はタレには漬け込んでおらず味付けがされていない状態。岩塩やキムチなどと一緒にサンチュでくるっと巻いて口に運ぶ。うん、ウマい。食べ応えのある厚めの豚肉は意外とさっぱりでどんどんイケる。これまた韓国らしいシルバーの容器に入った念願の白米とともに、ペロッと美味しく平らげた。

お腹いっぱいで向かったのは、そこから徒歩十秒、黄金牧場のすぐ前にある「LINEフレンズ フラッグシップストア 明洞駅店」。

その名の通り、LINEフレンズの公式ショップでぬいぐるみや文房具、ファッション雑貨などを購入できる。入口にあるブラウン（茶色いくまのキャラクター）

の巨大ぬいぐるみが特に人気で、行列ができるフォトスポットでもある。この時はちょうどハロウィン期間だったので黒いマントを羽織り、かわいいドクロがついたとんがり帽子をかぶっていた。

店の二階にもちょっとしたフォトエリアのようなものがあり、色々なキャラと一緒に写真を取ることができる。商品が並んでいる店内も自由に撮影オーケーというのもファンには嬉しいポイント。まさに世界中のＬＩＮＥ好きにとっての聖地だ。

いつもは滅多に「写真撮って」と言わない妻も、この時はキャラとのツーショット撮影を何度もお願いしてきた。ちなみに僕はブラウンやうさぎのコニーではなく、黄色い鳥のサリー派。

店を出た後は東大門まで足を延ばしてみることにした。東大門は地下鉄四号線に乗ればすぐ。この四号線はソウル、明洞、東大門など主要な駅を結ぶ路線なので、ソウル滞在中に一番乗る路線という旅行者も多いはずだ。

東大門は言わずと知れたソウル最大の買い物天国。個性豊かなショッピングビルが立ち並ぶエリアだ。特にファッション関連の商品が充実していて、老舗の衣料問屋から最先端のトレンドを扱うブランドショップまで一通り揃っている。

もう十年以上も前の話になるが、実は僕も十年ほどアパレル業界で働いていた経験がある。そのため一般的な四十代日本人男性よりは服に敏感だったりするので、今回密かに楽しみにしていた場所でもあった。

しかしながら、いくつかのショッピングビルに入ってみたものの、とにかく店も商品も多すぎて、どこをどう見たらいいかも分からない状態。結局何も買わずに建物に入ったり出たりを繰り返すだけだった。

ここは「目を引くものがあったら買う」ではなく「前もって欲しいものやお目当てのアイテムをイメージして来る」が正解と学んだ。

すっかり暗くなった頃、再び明洞に戻ってきた。メインストリートには数えきれないほどの屋台が連なっていて、それ目当てなのか昼間よりも明らかに歩行者の混雑度が増している。まだ明るい時間、荷物や調理器具らしきものを乗せたリヤカーをこの周辺でたくさん見かけたが、あれは全部この屋台だったのだと納得した。

明洞は夜の時間帯こそ楽しいという人も多い。現在では屋台メシの食べ歩きが明洞名物の一つとなっているほどだ。食に鈍感な僕といえども、この活気を前にすると、さすがに気分が盛り上がる。

通りのあちらこちらから美味しそうな匂いと音が漂ってくる。遅めの昼食で、まだそれほどお腹は空いていないはずなのに、目と鼻と耳から胃袋がビンビンに刺激される。夕食はここでおつまみを調達して、昨日同様ホテルの部屋で食べることに決定。

ホテルに帰ったのは午後八時半過ぎ。屋

明洞の夜！　人々の活気と連なる屋台にテンションが上がる。

台で買った餃子とキンパ、そして途中のコンビニで買った韓国ビールがこの日の夕食。

あれ？　昨夜もGS25のキンパを食べたような。まあどちらも美味しかったから問題ない。

そういえば明洞を歩いていると「上手なニセモノあるよ」と複数の男性から声をかけられた。向こうは韓国人だろうが、僕たちが日本人と分かったうえで、日本語で話してくる。上手なニセモノ？と初めは意味不明だったが、「ああ、ブランド品の偽物のことか」と理解。ファッション業界で働いていた時は多少ブランド品に興味もあったが、残念ながら現在はそれほど関心もないので無視。というか、そもそも売るのも買うのも違法ですよ、おじさん。

帰国の日。昨夜は缶ビールを一本で我慢したおかげか、昨日とは違ってすこぶる快調な目覚め。

まずはホテルから徒歩数分の「HOLLYS COFFEE」というカフェで朝食を食べる

ことにした。時刻は朝七時半、広い店内はだいぶ空いていた。タマゴサンドとアメリカンコーヒーのセットで価格は七千八百ウォン。妻はグラタンのようなものとアメリカンのセットで、そっちは八千五百ウォンだったかな。

とにかく韓国はカフェ文化が非常に浸透していて、カフェ大国とも言われている。ここソウルでもリーズナブルなチェーン店から、インスタ映えしそうな今流行りのお洒落な店まで数え切れないほど存在している。街を歩いているとすぐに何かしらのコーヒーショップは見つかるので、こうした簡単な朝食や街歩きの合間での一休みにはとても便利だ。言わずもがなそれだけ競争も激しく、消えていく店も多いのだろうが。

ホテルに戻りチェックアウト手続きを済ませたら、フロントでそのまま荷物を預かってもらい再び外に出た。

忠武路駅から地下鉄三号線で三つ目の「鍾路3街」という駅で下車し、八番出口から地上に出た。ここから歩いてすぐにあるのが世界遺産の宗廟だ。

宗廟は太祖四年（一三九五年）に朝鮮王朝の太祖・李成桂によって造られた霊廟。歴代の王と王妃の位牌が安置されている所だ。

補足すると祀られているのは位牌のみで、遺体はここにはない。では遺体はどこに？というと、昨日訪れようと思っていた宣陵や靖陵などの「王陵」にあるのだそうだ。

宗廟への途中、車一台分くらいの狭い道を通った。ふと横をみると軒先に屋台のようなものを置き、それを囲むように五、六人の客が立ったまま何かを頬張っている店が。ちょっと覗いてみると、何やらおでんのようなものを売っている。以前、串に刺さった韓国おでんは屋台の定番料理として人気があり、朝食として出勤前にこうして食べていく会社員も多いと聞いたことがあった。

具材はシンプルな練り物が中心だそうだ。沸き立つ湯気と出汁のとてもいい匂い。これは何とも美味しそうだ。地元の人に混じって二、三本軽く食べていきたい衝動に駆られるも、僕たちには何としても宗廟に早く行きたい理由があった。後ろ髪を引かれる思いで、泣く泣く先を急いだ。

駅から五分ほどで宗廟の入口に到着した。時刻は朝八時四十五分。わざわざ早起きしてこの時間に来た理由。そして先ほどの韓国おでんを我慢した理由。それは宗廟の見学ルールのためだ。

宗廟は基本的に専属のガイドと一緒でなければ入場することができない（ただし土曜日だけは自由観覧）。ガイドの言語は韓国語、英語、中国語の他に日本語もあるが、それぞれのガイドツアーの開始時間はすでに決められている。つまりはその時間でないと宗廟に入れないということになる。

事前に調べた内容によるとツアーの所要時間は約一時間。昼過ぎには空港に向かう予定なので、日本語のツアーで一番早い九時からの回に参加しようと決めてやってきたというわけだ。

実は位置的には昨日見学した昌徳宮から非常に近かったのだが、昨日は宗廟が定休日の火曜日。まさに訪問するチャンスは帰国するフライト前のこのタイミングしかなかった。

宗廟の正門は蒼葉門といい、ここが入り口となる。開館時間もツアー開始時間と同様に朝九時なので当然まだ閉まっていたが、どこでガイドの申し込みをするのかなと門の所にいた係員らしき人に尋ねてみる。

「九時からの日本語ガイドツアーに参加したいのですが」

「今日は自由観覧日ですのでガイドツアーはないです」

「え？　土曜日ではないのにどうして？」

よくよく聞いてみると、毎月最終水曜日は「文化の日」ということで韓国国内の主な施設が無料開放、もしくは割引観覧ができるとのこと。ちょうどこの日は十月の最終水曜日。ここ宗廟も無料で開放され、普段の土曜日のように自由観覧となるらしい。

自由に回れるというのは、時間が限られている僕たちにとっても好都合。しかも無料だし。あ、こんなことならさっきの屋台で朝おでん食べてきてもよかったな、なんて思ったり。

門の横にある、ここでチケットを購入するのだろうなと思われる所も閉まっている。そこに書いてあった観覧料金を見ると大人一人千ウォン。これはガイドによる案内の日も、自由観覧の土曜日も同じのようだ。

あとで調べてみたら、昨日訪れた昌徳宮も今日行けば無料で入れるみたい。その分、昨日よりさらに混みあいそうだけど。

九時になったので蒼葉門から中に入った。どこかピリッとした、神聖な空気に入れ替わったのを肌で感じる。敷地内はたくさんの緑で溢れ、ここが大都市ソウルだということを忘れてしまいそうだ。木々の隙間から届く木漏れ日の影が美しく揺れている。

門から奥に向かって真っ直ぐに、石畳の道が伸びていた。よく見ると「中央」「右」「左」と三つに分かれているのが分かる。この道を三道（サムド）といい、左右に比べて高くなっている中央の道は神のための道で「神路（シンロ）」、右側は王が通る道の「御路（オロ）」、左側は皇太子が通る道の「世子路（セジャロ）」と呼ばれている。真ん中の神路は神様が通る道なので、歩いてはいけない所。これは日本でも「神社では参道や鳥居の真ん中を避けて歩く」というのと同じ。

まず向かったのは入口近辺にある、祭礼の準備が行われる建物「香大庁（ヒョンデチョン）」と祭祀の前に身を清めた場所「斎宮（チェグン）」。ネットで拾った情報などを片手に回るが、もしガイドツアーだったら色々と説明してくれて理解もさらに深まっただろうなと思う。とはいえ誰にも気を遣わず、好きなように自分のペースで回れるのはやはりいい。

自由に動けるというならば、一番の見所に早く行きたい！と思うのが人の常。宗廟にはいくつかの建物が点在しているが、ハイライトとなるのはこの先にある正殿（チョンジョン）と永寧殿（ヨンニョンジョン）だろう。

正殿には朝鮮を建国した太祖（一代目）をはじめとして十九人の王とその王妃あわせて計四十九の位牌が、永寧殿には正殿に祀られていない王や王族など三十四人の位牌が安置されている。いずれも宗廟といえば誰もが思い浮かぶ、観光ガイドなどに写真が掲載される建物だ。

開場して間もない今ならば、他に誰もいない中でゆっくり静かに見学できるかもと思い立ち、斎宮を離れ足早に奥を目指した。


正殿の入口に着くと、他の観光客が一人もいない貸し切り状態。思惑通り！やった！と内心ではガッツポーズしながらも、まずは静かに深呼吸して心を落ち着かせる。「失礼します」という気持ちで中に入った。

この正殿は宗廟の中心的な建物であり、元々はこれのみを宗廟としていたそうだ。とにかく横に細長いということに驚く。その幅は百一メートル、現存する祠堂建築物の中で最も長い木造建築とされている。創建時は七室だったそうだが、位牌が増えるたびに増築され、現在の十九室になった。西側が最も上位とされ、第一室である西側一番目の間には太祖の位牌が祀られている。

正殿の庭の前には朝鮮王朝の歴代功臣、八十三人の位牌を祀っている功臣堂（コンシンダン）がある。当初は正殿の外にあり、建物自体も三間しかなかったものだが、第三代王・太宗在位期に正殿内に移されたそうだ。こちらも位牌の数が増えるのに伴い、現在の十六間にまで増築された。

一通り見学したあと、ミラーレス一眼を取り出し撮影タイム。他の観光客がほぼ誰もいない絶好のシャッターチャンスだ。数人のグループとなって入場するガイドツアーだったらこうはいかない。これも自由観覧の一つの特権といえるだろう。

横長の全景を収めようとカメラを向けるも、どうしてもどちらかの端が切れてしまう。それほどの長さをこの正殿は誇っている。場所や構図を変えてパシャパシャ。僕にもっと撮影のスキルとセンスがあればより素晴らしい一枚が撮れたのかもしれないが、個人的な思い出の写真として残すには十分だろう。

永寧殿は正殿のさらに先、入口から一番遠い位置にあった。第二代王・定宗の位牌を祀る際に建てられた別廟。正殿に比べると規模は若干小さめだが、同じ建築様式で建てられていて、こちらも横に細長いのが特徴だ。

ところで正殿と永寧殿のどちらに位牌が祀られるかだが、顕著な功績があったかどうかで決まると聞いたことがある。ところが実際には、ここ永寧殿に位牌がある王は在位の期間が短い人がほとんどらしい。

ということは目立った功績がなかったとしても、在位期間が長い人はちゃっかり正殿に祀られているのだろうか。逆にちゃんとした功績を作りながらも、在位期間が短いという理由で永寧殿に祀られている人もいるのだろうか。

永寧殿の見学が終わり蒼葉門に戻る途中、歩道のそばの木の横で動く小さな影が目に入った。よく見ると可愛らしいリスが二匹、木を駆け上ったり下りたりしている。地上で餌となる木の実なんかを探しているのかな。僕は栃木の南部で生まれ、現在は千葉県の郊外に住んでいるが、野生のリスなんて日常見たことはない。ソウルの中心地で野生の小動物が元気に走り回り、たくましく生きている姿になんだか心が少しほっこりした。

宗廟のあとは「明洞辺りに移動して最後の買い物をする」みたいな感じでざっく

りと考えていたのだが、昨日行けなかった世界遺産の宣陵と靖陵はどうしても見ておきたい。でもそこに行くとなると時間もかかり、かなり厳しい。

「うーん、どうしようかな」とｉＰｈｏｎｅを取り出しポチポチ調べてみる。すると朝鮮王朝の王墓群の構成資産に「貞陵」というまた別の王陵があり、そこは比較的ここから近そうだと分かった。宣陵や靖陵に比べると規模は小さいようだが、そこは同じ構成資産。世界遺産訪問欲は満たされると思い、ひとまず貞陵に行ってみることにした。

貞陵の最寄り駅は「牛耳新設線」という路線の「貞陵」という駅らしい。ここからは地下鉄一号線、四号線と乗り継いで「誠信女大入口」という駅まで行き、そこで牛耳新設線に乗り換えるというルート。

牛耳新設線のホームはとても近代的な造りで、今まで乗ってきた他の地下鉄駅の印象とはまるで違った。乗車した車両もとても綺麗。「新設線」という名前だけに、まだ比較的新しい路線と駅なのだろうか。

貞陵駅を出ると僕たち以外、旅行客らしき姿は見当たらない。目に映るのはここに住んでいると思われる人ばかりだ。世界遺産とはいえ、この辺りに観光地として訪れる人は少ないのだろうか。貞陵までは六百メートルほど。距離自体はそうでもないが、途中からは急な上り坂がずっと続いていた。グーグルマップを頼りに「こっちかな」と進んでいく。

観光客が一人もいない異国の郊外。そこには昔から変わらない土地の営みと風景があり、聞こえてくるのは日常の生活音と話し声。日本では嗅いだことのない独特の香りを乗せた風が吹き抜けていく。なんだかとても贅沢な時間を過ごしているなあ。これぞ旅。

そういえば！と肩から下げたバッグをごそごそ。取り出したのは、昨夜コンビニで缶ビールと一緒に買ってあったバナナウユ。結局飲まずに今日持ってきていたのだ。所謂バナナ牛乳なのだが、韓国ではこのバナナウユが大人気で数種類販売されている。とても美味しいと聞いていたので、バナギューー好きの僕としては韓国に来たら是非とも飲みたいと思っていた。

選んだのは定番中の定番、「ピングレ」というメーカーのバナナウユ。なるほど！　確かにこれはイケる！　国民的ドリンクというのも納得だ。僕にはちょっと甘さが強く感じたが、疲れた時に飲んだら元気が出てきそうな味だ。まさに今みたいな軽い運動中なんかは最高。

これは自分用の土産にも買いたいと思ったが、今回は帰国のフライトにも受託手荷物を付けていないから無理だと諦める。次の訪韓では持って帰りたいなあ。日本でも仕事の休憩中にグビグビいきたい。

駅から歩いてちょうど十分で貞陵に着いた。文化の日ということで、宗廟同様チケット売り場は閉じられ無料開放されている。

朝鮮王朝の王墓群は、ソウル郊外の十八ヶ所に点在している四十基の陵からなる世界遺産。この貞陵は朝鮮王朝第一代王・太祖の継妃、神徳王后の陵だそうだ。

入ってすぐ左手には斎室があった。斎室とは陵の祭祀の準備をするところで、王陵を管理する「陵参奉」という人物が普段住んでいた場所。近付くにつれて中から笑い声が聞こえてきた。そっとのぞいてみると、小さな子供たちがたくさん。保育士さんらしき人もいるので、近所の保育園か幼稚園の御一行だろうか。みんなスケッチブックみたいなものを持っているからお絵かきタイムかな。せっかくの楽しい時間を、異国から来た謎のおじさんに水を差されたくはないだろうと思い、斎室に入場するのはやめて退散することにした。

一旦入口付近まで戻り奥に進む。周囲はたくさんの木々で覆われ、ちょうど紅葉の時期ということで葉っぱは赤や黄色に色付いていた。左手にはチョロチョロと小さな川が流れている。一度立ち止まり目を閉じ、スーッと深呼吸してみた。まるで秋のピクニックに来たようないい気分になる。

ほどなく川にかかる一本の橋が現れた。この橋は禁川橋といい、僕たちが住むこの世界と聖域の境界線を意味しているそうだ。本来はここを渡って進むのが正しい道順なのだろうが、工事中のため、先に抜けられないようになっていた。正ルートは外れてしまうが、仕方なくそのまま川沿いを歩いて行く。

やがて開けた空間が見えてきた。広場のようなその場所には、小さな建物がいくつか点在しているのが分かる。

斎室と同じように、ここにもたくさんのちびっ子と、引率者と思われるエプロンを付けた女性の姿が。みんなで写真を撮ったり、落ち葉をガサガサしたりして遊んでいる。木の実でも拾っているのかな。周りのベンチでは、おじいちゃんやおばあちゃんがのんびりおしゃべりを楽しむ様子も見られた。

もしかしたらこの日が無料開放日だったからかもしれないが、これだけたくさんの人がいることにまず驚いた。きっとここは世界遺産に登録される、そのずっと前からこの地域に住む人たちにとっての憩いの場であり社交の場、そして気持ちを穏やかにさせてくれる大切な場所なのだろう。


お邪魔させていただく気持ちで見学を始める。

左端には鳥居のような形をしたものがあった。これを紅箭門といい、神聖な地域の目印となる門。さっきの禁川橋をくぐり本来のルートで来ると、入口となるこの門に着くようになっている。紅箭門から続く参道は途中で左に九十度曲がっている。

この独特の形は、通常の王陵造営様式とは異なるとされている。

そしてその先にあるのが、中心的な建物である丁字閣。その名の通り上から見ると「T」字の形状をしており、陵の祭祀を行う場所だ。そこまで大きな建物ではないものの、その鮮やかな色使いに目を奪われる。昌徳宮で見たようなエメラルドグリーンがふんだんに使われている。

丁字閣を中心としてその左には祭祀の食事を用意する水刺間、右に守僕房と墓碑を祀り保護する場所である碑閣、以上四つの建物がここにはある。それぞれは小さいものだが、その全てが韓国らしい鮮やかな色で塗られていた。

海外で建築物を見た時、その形状や材質、規模などから「日本のものとはやっぱり違うな」と思うことは多いが、色もそう感じさせるファクターの一つだと思う。少なくともここ貞陵にある建物は、形や材質だけを見れば日本にもありそうなものだが、その色使いによって異国にいるということを僕に強く思い出させてくれた。

丁字閣の後方は急な勾配になっていて、その一番上にはこんもりとした丸い丘のようなものが見えた。あれがきっと王の墓なのだろう。これは是非とも近くで見学したい。

ところが王墓に向かう道が見つからない。入口でもらったパンフレットには、確かにそこに通じる階段のようなものが書かれている。だがいくら探しても、あるべき場所にそれらしきものがないのだ。

「あれ？　おかしいな。パンフレットにもお墓付近の写真と解説が載っているから行けると思うんだけど」

元々ないのか、何かしらの理由で封鎖してしまったのか。諦めきれずに係員らしき人に尋ねてみたら、韓国語で「上には行けないよ」と言っているような反応が返ってきた。言葉を全て理解できたわけではなかったが、ここに来て誰かが上にいる姿を一回も見ていないし、これはやはり近くまで行くのは難しいのだなと判断。遠目からの写真撮影のみで我慢することにした。

この旅最後の世界遺産、貞陵の見学も無事終了。時刻は十一時半。帰りのフライトは仁川空港午後四時四十分発。ここからの移動とランチの時間を考えると、そろそろホテルに戻り、空港に向かったほうがよさそうだ。

電車を乗り継ぎ、忠武路駅へ。ホテルに預けておいた二人分のスーツケースを受け取った。フロントにいたスタッフに「カムサハムニダ」とお礼を告げて外に出る。この時間なら明洞エリアから空港行の直通リムジンバスも出ていたが、渋滞にはまるリスクを避け、ソウル駅から空港鉄道に乗り空港を目指した。

仁川国際空港第一ターミナル駅に到着したのは午後二時を少し回った頃。昨日の内に持参したノートパソコンでウェブチェックインを済ませておいたので、エアソウルのカウンターでは搭乗券を受け取るだけですぐに手続き完了。

さて、一息ついたところで出国審査の前に遅めの昼食を食べよう。向かったのは空港内で見つけたフードコート。街中に比べると多少の空港価格にはなっているだろうが、比較的リーズナブルに食事を取れるこういう場所はどの国でもありがたい。韓国の定番中の定番の一つ「辛ラーメン」を注文。さすがの辛さと美味しさに、最後の韓国ご飯も大満足でフィニッシュした。

お腹を満たしたところで目に入ったのは保安検査場に進む長い行列。「おっと、まずい。これは予定していたより時間がかかるかもしれないぞ」と食後のコーヒー衝動をこらえ、僕たちも急いで列の最後尾に並ぶ。手荷物検査と出国審査を抜けるまで三十分以上かかったが、できていた列の長さを考えるとこれでも早い方だったと思う。どうやら特定の国のパスポートを持っている人は途中足止めをされている様子で、日本のパスポートの僕たちは優先的に通してもらえたような気がする。理由は分からないがひとまず助かった。

搭乗口エリアに出たからこれで一安心というわけではない。エアソウルの搭乗口はコンコース（搭乗棟）にあり、現在いる第一ターミナルからシャトルトレインに乗って移動する必要があるからだ。一昨日の夜は第一ターミナル到着だったけれど、ＬＣＣの多くはコンコースのゲートに案内されるケースが多いようだ。

旅慣れた人にとっては常識だろうが、仁川空港に限らず、どの国でもＬＣＣの搭乗口は離れた所にあるのがほとんど。時間に余裕をもって空港着、保安検査場を通過することをおすすめしておく。

コンコースにはシャトルトレインに乗ってすぐ着いたが、そこからがまた遠かった。僕たちが乗るエアソウルＲＳ７０３便の搭乗口は見事に一番端。十分ほど足早に歩いてようやくたどり着いた。時刻はすでに午後四時過ぎ。

「余裕を持って空港に来たはずなのに、フライト時間まで四十分弱しかないね」

「もうすぐ搭乗も始まるし、空港見学は無理だね」

ゲート前の椅子に腰掛け、そんな会話を妻とした。一昨日考えていた「帰りのフライト前に空港物色」の計画は、残念ながら儚く散ったのだった。

すぐ隣のゲートは僕たちのＲＳ７０３便より二十分早く出発する、同じ韓国系ＬＣＣのチェジュ航空の搭乗口だった。

必死の形相で走ってきて、立ち止まることなくそのまま飛行機に駆け込んでいく乗客が数人。こんなに搭乗口まで時間がかかるとは夢にも思わず、ぎりぎりまで食事やショッピングを楽しんでいたのだろう。危うく僕たちもそうなるところだった。

さすがはアジア有数の規模を誇る仁川国際空港。その大きさは全くもって侮れない。

最後に、帰りのエアソウル機内でのエピソードを一つ書いておく。

帰りの機体も中央通路を挟んで三列三列の座席配置。僕たちは比較的前方の九列目の座席をあらかじめ指定しておいた。

なぜこの列を選んだかというと、ここが非常口前の列だからだ。後ろは非常口スペースなので、後方を気にせずに座席をリクライニングできるというメリットがある。

そしてもう一つ。この九列目だけは通路を挟んで二列二列の座席配置になっているのだ。

参入している航空会社の多さから供給過多という話も聞く日本〜韓国路線だが、帰りもそれなりの混雑を予想していた。二人旅の僕たち夫婦にとって、この二人並び席ならば隣に座る第三者に余計な気を遣う必要がないという点で、よりフライトを楽しめるというわけだ。

妻は通路側、僕は奥の席に座った。

ここで「窓側席」ではなく「奥の席」と書いたのは、二列並びだからといっても窓際ではなかったから。位置的には三列並びシートの真ん中席。

これが最大の誤算だった。

では本来あるべき窓側席の位置には何があるのか。

そこには客室乗務員のシートが後ろ向きで配置されていた。つまりは離陸や着陸の時、後ろを向いた客室乗務員の顔が僕のすぐ横、いやむしろ斜め前の至近距離にあるということ。

外の景色が見られないというのは全然問題なかったが、少しでも顔を横に向けると、そこには韓国人の美しいキャビンアテンダントさん。気を抜くとすぐに視線が合いそうで、緊張すると同時に少し気まずかった。無論、あちらは毎回のことで最早慣れっこなのだろうが。

もし僕が独り身で歳もあと二十歳くらい若かったら、若気の至りで自分のメールアドレスやＬＩＮＥのＩＤを書いた紙きれを渡していたのかな。これがきっかけでお付き合いに発展なんかしたりして。

隣に座る妻に少々後ろめたい妄想をする僕を乗せ、ＲＳ７０３便は秋の西日を受けながら順調に成田国際空港へ向かっていた。

第三章

二〇一九年十二月
アメリカ合衆国　ハワイ島

そろそろ師走の慌ただしさも感じ始めるであろう十二月の初旬、羽田空港国際線ターミナルにやってきた。

これから目指すのは、アメリカ合衆国ハワイ州のハワイ島。

ハワイと言えば真っ先にホノルルのあるオアフ島を思い浮かべる人が多いだろう。僕もオアフ島は過去何度か行ったが、ハワイ島を訪れたことはなかった。一番の目的は世界遺産である「ハワイ火山国立公園」ではあるが、それだけではない、ハワイ島の大自然のパワーを全身で感じたいと思い渡航を決めた。


僕はもう二十年以上千葉に住んでいる千葉県民。だからといって特別贔屓しているというわけではないが、どちらかといえば成田空港を利用する機会が多い。そのような身としては久しぶりの羽田空港、しかも国際線ターミナルというだけでいつもよりテンションが上がってしまう。

「羽田ってこんな感じだったっけ?」と思いながら、しばしターミナル内を散策してみる。各航空会社のチェックインカウンターや、飛行機の行き先と時間が書かれたデジタルディスプレイを見ているだけでも十分楽しい。

加えてここ国際線ターミナルの四階は「江戸小路」「おこのみ横丁」「江戸前横丁」「広小路」と名付けられた、かつての江戸の姿を再現したテーマパークのような空間が広がっている。いかにも外国人観光客が飛び上がって喜びそうな作りだ。そこには土産物屋の他にも、都内で評判のうどん屋やラーメン屋、焼肉屋といった飲食店も立ち並んでいる。帰国前に最後の日本食を楽しみたい外国人、海外に発つ前に日本食を胃に入れておきたい日本人にとって、まさにうってつけのロケーション。しかしながら価格は言わずもがなの空港プライスなのでご注意を。


搭乗したのは、午後十一時五十五分羽田空港発、ハワイ島コナ空港には時差の関係で同日昼十二時五分着予定のハワイアン航空ＨＡ８５２便。

機内はやや年季が入っていて所々で古さを感じるものの、耳障りのいいハワイアンミュージックがゆったりと流れる心地いい空間。さすがは「乗った瞬間からハワイ」という触れ込みのハワイアン航空だ。個人モニターに流れる機内安全ビデオも一味違い、ハワイ州各島の大自然の中で撮影された独特なものになっている。

僕もホノルル行の便で何度か搭乗したが、初めて乗った時は「おお！　ハワイだ！」とえらく感動した記憶がある。

アサインされた二列並びシートに妻と座り一息。何の気なしに肘置きに手をかけてみると、どこか浮いている感覚がありグラグラする。あれ?と思って軽く左右に動かしてみたら、なんとバカっと外れてしまった。取れたのはカバーだけなので座席自体には問題ないが、さすがにちょっと焦る。これは客室乗務員に伝えた方がいいのかなと一瞬頭をよぎったが「あら、大変。でもカバーだけなら問題ないわ」で終わりそうなので、そっと元に戻しておくことにした。

離陸後、飛行時間は六時間四十二分間の予定とのアナウンス。同時に「お休みになる方のために、窓の日よけを完全に下ろしてください」とのお願いもあった。

安定飛行に移るとハワイアン航空のかわいい袋に入れられた軽食のサンドイッチが配られた。飲み物は迷うことなくハワイアンビールをチョイス。マウイ・ブリューイングのパウハナ・ピルスナーだ。マウイ・ブリューイングといえば、ビキニ・ブロンド・ラガーばっかりだったから、たぶんこれは初対面。

その後、機内の照明が落とされ大部分の乗客は睡眠タイム。深夜便であっても眠れない僕はエンタメ鑑賞に突入。タッチ感度の悪い個人モニターをポチポチして洋画、邦画、ドラマと物色していく。日系エアラインに比べると若干の物足りなさ感はあるが、ある程度数の邦画はあるし、日本語字幕付きの洋画も充実している。これならハワイ島までの七時間弱のフライトには十分。

選んだのは二〇一八年公開の日本映画「検察側の罪人」。確か公開当時、木村拓哉さんと二宮和也さんの演技対決が話題になっていた作品だ。

そういえば、数年前ハワイアン航空に初搭乗した際、シートベルトサインが消えた瞬間、前席の外国人が最大限までシートを後ろに倒してきたことがあった。あれも夜行便だったから仕方ないとも思うが、当時はまだ飛行機に慣れていない頃だったので「外国の人って遠慮なしだな」と唖然としたものだ。

どうやら今回のＨＡ８５２便ではそういったことはなく、穏やかにフライトを楽しめそうだ。

コナ国際空港に着陸したのは現地時間のお昼ちょうど。窓から見える広大な大地は、明らかに日本やオアフ島のそれとは違った。一番驚くべきはその色。真っ黒なのだ。溶岩が固まったものと思われるゴツゴツした岩が、滑走路のすぐそばに無数に転がっている。現在も活発な火山活動が続く島、ハワイ島に来たのだと初めて実感できた瞬間だった。

コナ国際空港は正式名称をエリソン・オニヅカ・コナ国際空港という。「オニヅカ」という日本人のような名称が気になったので調べてみたが、この空港名に変更になったのは二〇一七年一月。コナ出身で日系人初の宇宙飛行士、エリソン・オニヅカさんに由来しているそうだ。

補足するとオアフ島の空港も二〇一七年四月にダニエル・K・イノウエ国際空港に改名されている。旧名称は皆さんご存じのホノルル国際空港。ハワイ州出身で日系アメリカ人初の上院議員になった人物、ダニエル・K・イノウエさんにちなみ、現在の名称になった。

タラップを使い直接地上に降りた。振り返るとさっきまで乗っていたHA852便が目の前に。間近で見る機体の迫力は、たとえ飛行機マニアでなくても心躍るだろう。ここでたくさん写真を撮りたいところだが、「止まらないで進んでください」と空港係員が日本語で言っている。急いでiPhoneで一枚だけパチリとして遅れないよう先に進んだ。

そのまま歩いて向かったのは入国手続きが行われる建物。白い屋根をしたドーム型のフォルムで、少し大きめのテント

乗ってきた飛行機に別れを告げる。ハワイ島まで連れてきてくれてありがとう。

のように見える。モンゴルの遊牧民が住む移動式住居「ゲル」と言ったほうがイメージに近いかもしれない。

ここで一つ注意点。この内部は完全撮影禁止となっている。このルールはかなり厳格で、本人に撮影する気がなかったとしても、携帯電話やスマートフォンを見ているだけで係員に怒られる。建物内ではバッグかポケットにしまっておくのが無難だ。この時も近くにいた六十代くらいの日本人女性が、スマートフォンをいじっていて相当な剣幕で怒鳴られていた。

日本人の悪い所でもあるが、日本にいる感覚で「スマホ見るくらいなら大丈夫でしょ。何か言われても軽く注意されるくらいでしょ」と甘く見てはいけない。ここは日本ではないのだ。せっかくの南の島。こんなつまらないことでいきなり嫌な思い出を作るなんて本当に馬鹿らしい。ルールはちゃんと守ろうね、おばちゃん。

予約してあるホテルがあるのは、島西海岸のカイルア・コナという街。ハワイ諸島を初めて統一しハワイ王国の初代国王となった、かのカメハメハ大王が愛し、晩年を過ごした場所としても知られている。かつては王族たちの静養の地であったが、今では島の商業と観光の中心であり世界的にも人気の街だ。

空港からカイルア・コナまでは事前に手配しておいた送迎バスにて向かった。

バスに三十分ほど揺られて着いたのは今回お世話になる「ロイヤル・コナ・リゾート」。アリイタワー、ベイタワー、ラグーンタワーという三つの棟からなる大型リゾートホテルだ。日本の旅行会社でもリーズナブルなツアーなどでよく利用されているので、聞いたことがあるという人も多いかもしれない。さすがに「ラグジュアリーホテル」という雰囲気ではないが、ちゃんと南国らしい開放感もあり、価格重視のホテルを選ぶ僕たちにとっては思わず笑顔になるレベルだった。

最初に、メインビルディングでもあるアリイタワーでチェックイン手続きを行った。フロントスタッフは日本語が話せないアメリカ人だったが、こちらがちゃんと理解できるよう、簡単な英語で分かりやすく伝えようと努力してくれている印象。このホテル全体に言えることだが、日本からの観光客・ツアー客が多数利用するので、スタッフはとにかく日本人に慣れている。それをよしとするかどうかは人それぞれの判断に任せるとして、英語がさっぱり分からない人でもここなら何とかなるだろうなと感じた。

レセプション脇の太い柱には、緑と赤と金と銀の飾りがぐるぐると巻きつけられていた。暑いところにいるから忘れそうになるが「そうだ、もうすぐクリスマスなんだよな」と思い出す。

アサインされたのはラグーンタワーの一室で、大きめのベッドが二つ並んだツインルーム。二人分のスーツケースをらくらくと広げられるスペースもある。正直、建物も部屋も多少の古さを感じるが、清掃はちゃんと行き届いていて滞在中は快適に過ごせそうだ。ハワイのホテルらしくラナイもあった。でも残念ながらオーシャンビューではなく駐車場ビュー。

Tシャツにハーフパンツ、トロピカルなストライプ柄のエスパドリーユという南国スタイルに着替え、早速カイルア・コナの散策に出た。

ホテルのすぐ目の前を「アリイドライブ」という通りが走っている。道沿いには飲食店や雑貨屋が立ち並び、食事やショッピングなど、この街を訪れる大抵の旅行者にとって滞在のベースとなる通りだ。海岸線沿いを走る、海風が気持ちのいいこのストリートを北の方向へ歩いて行く。

すぐ左手には、強い日差しに照らされた真っ青なハワイの海。どこまでも続く大海原の水面が太陽の光でキラキラと輝いている。使い古された言葉で言うと、美しい宝石を散りばめたようだ。まるで新鮮味のない表現だが本当にそう感じたのだから仕方ない。

オアフ島ではワイキキビーチに代表されるような白いサラサラの砂浜を想像すると思うが、ここハワイ島にはそういった砂浜はほとんどなく黒いデコボコした海岸線が続く。そのため水着姿の観光客は見られず、代わりに日焼けした若者たちが釣り糸を垂らす様子があちこちで見られた。所謂「水遊び」や「寝転んで日焼け」をしたい人は海岸に繰り出すのではなく、泊まっているホテルのプールなどを利用する人が多いようだ。

途中若い外国人カップルに海をバックに写真撮影をお願いされた。「セイ・チーズ！」と声をかけ、渡されたスマートフォンの撮影ボタンを押す。言うまでもなく僕たち夫婦もちゃっかり撮ってもらった。その場にいた四人全員が笑顔。「エンジョイ・ユア・トリップ！」と言って、お互い手を振って別れる。ああ旅っていいなあ。

やがて緑の芝生の上に立つ白い建物が現れた。これがフリへエ宮殿だ。ガイドブックには必ず出ている観光スポットであり、カイルア・コナの代表的な歴史建造物。元々はハワイ島の二代目総督だったジョン・アダムス・クアキによって、一八三八年に建てられたもの。のちに王族たちの別荘となり、現在は歴史博物館となっているそうだ。ハワイ伝統のコアの木がそこかしこに配され、シンプルながらも洒落た雰囲気を漂わせている。

アリイドライブをはさんで、フリへエ宮殿の向かいにあるのがモクアイカウア教会。ハワイ州最古のキリスト教の教会で、現在の教会堂は一八三七年に建てられた。火事を防ぐため、壁に溶岩や珊瑚でできたモルタルが使われていると何かの本で読んだことがある。いかにもハワイ島に立つ教会らしい。

こういった歴史的な建物がメインストリートに点在しているのも、オアフ島との大きな違いの一つだろう。

オアフ島では観光客向けの土産物屋や都会的なカフェ、大型ショッピングモールが通りにひしめき合っている。もちろんそれが悪いというわけではない。伝統的な趣ある建物も最先端の煌びやかな建物も、島それぞれの持ち味であり魅力なのだ。

気付けばそろそろお腹も空いてきた。コナ国際空港到着の一時間半ほど前に、機内食として出されたロコモコから何も食べていない。時刻は午後三時過ぎ。昼ご飯にするにも夜ご飯にするにもちょっと中途半端な時間だが、せっかくならとカイア・コナで行きたいと思っていた店に向かうことにした。何より記念すべき人生初のハワイ島メシだ。

海辺からのんびり歩いて十分ほどで到着したのは「コナ・ブリューイング・カンパニー」。ハワイ地ビールの中で最も有名かつ代表的ブランドともいえる、コナ・

ブリューイング・カンパニーの醸造所であり本店だ。言うなれば全世界のハワイアンビールファンにとっての聖地。このブリュワリーにはレストランが併設されていて、同ブランドのビール全種類と、それに合う料理を味わうことができる。僕は根っからのビール党。食事はともかく、ここで美味しいハワイアンビールを飲むのが長年の夢だった。

付け加えると、事前予約制で「ビール工場見学ツアー」というのも毎日開催している。もちろん嬉しい試飲付き。日本でも工場見学って大人から子供まで大人気だけど、海外の人も好きなのかな。僕たちは時間の関係で今回は見送ったが、是非いつかは参加してみたいものだ。

いつ行っても混んでいると聞いていたので、少し待つ覚悟で来たが、ちょうどランチとディナーの谷間の時間帯だったからか、すぐに屋外の席に案内してくれた。ちらりと周りを観察してみると店内の日本人はおそらく僕たちだけ。様々な国の人がパラソル付きのテラス席で、思い思いに食事とビールとおしゃべりを楽しんでいる。オアフ島のちょっとした有名店では客の半分が日本人、もう半分が中国人、なんてことはよくある話。いくらなんでもそれでは興ざめしてしまうから、客層を見て変に嬉しかった。

僕たちのテーブルを担当してくれた陽気な女性店員に「最初に飲み物はどうする？」と聞かれたので、迷わずサンプラーと呼ばれるビア四種の飲み比べセットを注文。価格は十一米ドルだったかな？　最近値上げしたらしい。十四種類のビールの中から選んだのは定番の「LONGBOARD」「BIG WAVE」に、迷った末に「LAVAMAN」「KUA BAY」を加えた四種類。

届いたサンプラーを見てびっくり。飲み比べセットというと、居酒屋で瓶ビールに付いてくるような飲み切りグラスのようなものを想像するかもしれないが、とんでもない。一つ一つのサイズは日本の一般的なグラスビール程度の大きさはある。それがいきなりどんと目の前に四つ並んだ。よしよし、そっちがその気ならこちらも本気でビールに挑むとしよう。

まずはLONGBOARDを手に取り、クイッと一口。うん！　ウマい！　日本でも慣れ親しんでいるはずの味だが、ハワイ島の陽気とコナ・ブリューイング・カンパニー本店で飲んでいるというシチュエーションが合わさって、いつもより確実に美味しい。ハワイ島の強い日差しの下、頑張って歩いてきてからの一杯だったから尚更だ。火照っていた僕の細胞の一つ一つがぷちぷちと喜んでいる。

次はBIG WAVE、これも定番。LONGBOARDと比べて苦味が少なく、ゴクゴクいけるタイプ。ホップの風味やフルーティな感じが苦手でない人にはオススメ。言うまでもなくウマい。

LAVAMANはどうだ？　おお、レッドエールだな。思ったより苦みを感じるなあ、嫌いじゃないぞ、ウマい。

最後はKUA BAY。これはなかなかクセのあるＩＰＡだ、とにかく濃厚でガツンときてウマい。

残念ながら味の違いを上手に、客観的に説明できるほど立派な舌を僕はもっていない。あくまで個人的な感想なので悪しからず。

ただKUA BAYがＡＢＶ（アルコール度数）7.3％で、かなりパンチがきいていたのはしっかり覚えている。空きっ腹にこのKUA BAYを飲んですっかりやられた。

妻も同じくサンプラーを注文したのだが、空腹の状態でグビグビ飲んだことも影響し、すぐに二人ともほろ酔い状態になってしまった。やれやれ。

食事で僕が注文したのはミニバーガーというもの。「ミニ」と聞くと「小振り」と想像すると思うが、ここはハンバーガーの本場アメリカだ。確かに通常のアメリカンサイズよりは一回りほど小さいが、普通に日本での並の大きさはある。それが三つも乗った皿が運ばれてきた。バンズも挟んであるパティも、どちらも分厚くて食べ応え満点。結果的に超超ボリューミー。

妻は日によって内容が変わる海の幸バーガーを注文。この日はマグロのソテーみたいなやつ。店員のお姉さんはアヒバーガーって言っていたかな。こちらも当然、味もボリュームも文句なし。

料金は夫婦で六十ドル弱＋チップ。食に対して執着がなく、海外ではあまり飲食店で食事をしない僕たち。普段に比べるととんでもない贅沢をしてしまった。前々から来たかった場所だしビールも料理も美味しかったので大満足だが「ハワイ島に来た！」という熱に浮かされて、いきなりはしゃぎ過ぎてしまったと少し反省。

レストランの入口にはギフトショップもあった。Tシャツやタオルの他にビールグラス、変わり種ではビールサーバーに装着できるビアタップハンドルなんかも売っている。どの商品にもコナ・ブリューイング・カンパニーのゲッコー（ヤモリ）マークが誇らしげに入っていた。個人的にはミニサーフボードが気になったが、なかなかの値段だったので何も買わずにそそくさと退散した。

アリイドライブに戻ってきた僕たちを迎えてくれたのは、水平線に沈む、これまでの人生で見たこともないようなオレンジ色の素晴らしいサンセットだった。とんでもなく綺麗で一瞬本気で声を失い、直後に思わず「うお！　なんだこれは！」と叫んでしまった。

決して大げさな表現ではなく、まるで太陽が海に触れてシャーベットのように溶けていっているような、美しく、幻想的なパノラマが広がっていた。

ここカイルア・コナの夕陽の素晴らしさは世界的にも知られていて、「コナ・サンセット」と呼ばれている。

その美しさの秘密は明日訪問する予定のキラウエア火山にある。火山の噴煙が風に流されカイルア・コナに届くと、空気が霞がかったようになる。そこに太陽光が当たることで乱反射が起こり、大変美しい色を生み出すのだそうだ。オアフ島など他のハワイ州の島では見られないほどの鮮やかさと複雑なグラデーションが特徴で、世界中の旅行者、そしてフォトグラファーたちを魅了し続けている。

二〇一八年の大噴火以降、噴火活動は沈静化し噴煙も少なくなっているのだろうが、それでも心を奪われるには十分過ぎる夕陽だった。

ハワイ島で迎えた二日目の朝。いよいよこの旅最大の目的である、世界遺産のハワイ火山国立公園に行く日だ。その前に朝食を食べようとホテルを出た。時刻は朝八時少し前。

「日本にいる時は早起きは辛いのに、ハワイにいるとスパッと起きられる」

間違いなくこれもハワイマジックの一つ。

向かったのはホテルのすぐ近くにある「ベーシックカフェ」。特にアサイーボウルが美味しいと評判で、早朝から行列ができる有名店らしい。できれば混む前に店に入りたいと思い、この時間にやってきた。

店に着いた時、すでに二組ほどがオープンするのを待っていた。見た感じ、どちらも僕たち同様アジア系の観光客だろうか。

開店時間になり店内へ。店は建物の二階にあり、注文するカウンターと簡易的な椅子が五脚置かれただけの小さな造りだ。いくつかある種類の中から一番オーソドックスそうなものを注文。アサイーのスムージーと一緒にグラノーラ、バナナ、ストロベリーなどが入っている。上には粉雪のような削ったココナッツがかかっていた。事前情報でかなり大きいと聞いていたのでスモールサイズを一つ頼んで妻とシェアすることにした。価格は十一米ドル。

海が見える椅子を選び、二人並んで腰を下ろす。ガラス窓なども なく開け放しなので、気持ちいい海風が直接肌に感じられた。冷たいアサイーボウルの酸味が寝起きの身体にじんわりと染みわたっていく。ハワイの海を眺めながら南国の香りと音を感じ、アサイーボウルを食べているこの状況。四十歳を過ぎた僕でも「なんだか最高じゃないか」と呟きたくなる。

外を向いて座っていると、何やら注文カウンターのある背後が騒がしくなってきた。振り向くと狭い店内はいつの間にか客でいっぱいになっていた。なんとなく客層を観察してみると、僕たちのような観光客はその場で食べる人が多く、地元の人はテイクアウトが多いようだ。人気店で長く居座るのは申し訳ない。カップに残っていたスムージーを平らげ、急いで店を出た。

さてどうするか。まだまだ胃袋のスペースは空いている。

昨日はコナ・ブリューイング・カンパニーからホテルに戻ったら、すぐにベッドでウトウト。夜に一度起きたものの再度外出する気にはならず、帰り道にＡＢＣストアで買っておいたパック詰めのフルーツを軽くつまんだだけで、すぐにまた寝てしまった。そんなわけだから、アサイーボウル一つでお腹いっぱいになるはずがない。

ちなみにＡＢＣストアとはハワイ州内最大のコンビニエンスストア・チェーン。大部分のハワイ旅行者が必ず一回はお世話になるであろう店だ。特にオアフ島では至る所に店舗があり、言うなれば「石を投げればＡＢＣストアに当たる」状態になっている。

冷たいものを食べて体も冷えたから温かいコーヒーでも飲みたいなあとアリイドライブを歩いていると、前から南国リゾートらしいゆるいワンピースを着た欧米系の女性が二人やってきた。手にはカフェでテイクアウトしたと思われるカップコーヒーが。まさに今僕たちが欲しているものだ。

「Where did you buy the coffee?」

と尋ねてみる。女性はニコッと笑い、通りの先を指差しながら「ほら、あそこよ。ここを真っ直ぐ歩いていけばすぐにあるお店で買ったの」みたいな感じで教えてくれた。「センキュー」とお礼を告げる。

日本では店を探しているくらいで他人に声をかけることなどほぼないが、何の躊躇もなく行動に移せるのは海外ならでは。特にハワイにいると自然とそういう気持ちになるから不思議だ。

教えられた通りに歩いて行くと、ほどなく「KONA HEAVEN CAFE」というカフェが見つかった。開放感があり常夏の島にぴったりの雰囲気だ。

　注文カウンター後ろの壁にかけられたメニューを見てみるとフード系も結構充実している。その中にスパムムスビがあるのを発見。朝はなんだかんだお米が食べたくなるんだよなあ。それは日本にいても海外でも変わらない。

　というわけで、12ozのドリップコーヒーとスパムムスビのレギュラーを注文。コーヒーが三・八米ドル、スパムムスビが三・九五米ドル。

アリイドライブと海を眺めながら、スパムムスビにかぶりつく。

座ったのはウッドデッキのテラス席。やはりハワイはこういうオープンエアな席が一番しっくりくる。目の前を走るアリイドライブのすぐ向こうは青い海。店の横は白い砂が敷き詰められたビーチバレーのコート。ロケーション抜群、味も抜群、滞在中リピート決定。

ハワイ火山国立公園はレンタカーを手配すれば自力で行くこともできるが、初訪問ということで、今回は現地ツアーに参加することにしていた。

ネットで調べると、たくさんの会社から様々なツアー商品が販売されていた。各社のホームページから比較検討して選んだのは、ハワイ州公認ガイドが島の見どころやオススメスポットを厳選して案内してくれるというもの。朝から晩まで、ほぼ丸一日の日程だ。ツアー会社の代表はTさんという日本人で、ハワイ島でのガイドキャリアはもう十年以上になるそうだ。基本は日本語での案内になるはずだから、そういう意味でも島初心者にはありがたい。ちょうどキャンペーン中ということで割引が入り、妻と二人で二百七十二米ドル。当時のレートで三万円ちょっと。

少々お高いが、終日ツアーではあるし、行く先々での入場料や食事代も含まれている。何かと物価の高いハワイ、こればかりは仕方ない。

この日は滞在しているロイヤル・コナ・リゾートまでツアー会社の人が迎えに来てくれることになっていた。予定時間の午前十時十五分を少し過ぎた頃、それと思われる黒いバンがやってきた。

車から降りてきたのはTさんではなく、口の周りに立派な髭をたくわえた、サングラスの奥の目が優しいアメリカ人だった。今日は参加者が多く、車二台体制で行くらしい。僕たちの車はこのナイスガイが担当というわけだ。

年齢は三十歳くらいだろうか。握手をしながら、

「私の名前はダニエルです。ダンと呼んでください。今日はよろしくお願いします」

と、ややたどたどしい日本語で自己紹介してくれた。「中野です。こちらこそよろしくお願いします」と返し、車に乗り込んだ。

僕たちがダンチームの最後のメンバーだったようだ。空いていた最後尾の座席に腰を下ろす。車内には女性三人組と僕たちと同い年くらいの夫婦が二組。全員日本人だ。九人の乗客が揃い、ダンの「レッツゴー」の掛け声とともに車は走り出した。

初めに立ち寄ったのはグリーンウェル・ファームズというコーヒー農園。創業はなんと一八五〇年。実に百七十年もの歴史がある超老舗農場だ。

車を降りた瞬間からコーヒーのいい香りが僕たちを迎えてくれた。農園の入口には直売所があり、その一画にはポットが十個ほど並べられたテーブルがあった。中には様々な種類の豆から挽いたコーヒーが入っていて、誰でも自由に飲み比べすることができる。

「こっちは苦味より酸味が強いね」

「これはちょっとフルーティかな」

などと専門家気取りで試飲していると、僕たちが乗るのと同型のバンが一台到着した。

運転席から見覚えのある男性がこちらに歩いてくる。ツアー会社代表のTさんだ。ホームページに掲載されていた写真よりずっと若く、想像していたより少し小柄に感じた。黒く焼けた肌、白ベースに青い植物のようなものが描かれた半袖のアロハシャツ、頭にはストローハット、そしてサングラスと、いかにもな出で立ちで登場だ。

ダンチームの一人ひとりと「今日はよろしくお願いします」と握手とともに軽い挨拶を交わしていく。笑顔から見える白い歯が、ハワイ島での遊びと観光スポットを極めていそうだなと妙に信頼させた。

Tさんが運転する車に乗っていたのは男女十人の日本人グループだった。旅慣れしていそうなニイチャンもいれば、まだ二十代前半くらいの若い女性もいるし、僕より歳上と思われる男性もいる。彼らの様子を見る限り、全員同じ団体客なのはすぐに分かったが年代も性別もバラバラ。でも仲はとても良さそう。

どんな関係なのか最初は不思議だったが、あとで会社の社員旅行か何かだと気付いた。一番年長と思われる、ちょっと頭の髪の毛が寂しい男性がおそらく社長だろう。このご時世に社員旅行でハワイなんて、よほど景気の良い会社なのかな。残念ながら最後まで彼らと深く話す機会はなかったので、どのような会社なのかは聞けずじまいだった。

二台体制となった一行が次に向かったのはマカダミア農園。農園といっても、道路のすぐ横にたくさんのマカダミアナッツの木が生えているような場所。地表には数えきれないほどのマカダミアの実が落ちている。Tさんご指導のもと、その場で固い殻を石で割り「仁」と呼ばれる可食部の白い種を取り出して食べることもできる。残念ながら僕はマカダミアナッツが少しだけ苦手なのと、その特有の風味で車酔いしそうと感じたので遠慮させてもらった。落果直後のマカダミアナッツを食すなんて日本ではまず体験できないし、好きな人にはたまらないだろうなあ。

その後は「プナルウ・ベイク・ショップ」というベイクショップへ。観光客もたくさん訪れる老舗の名店で、店名看板の下には「The Southernmost Bakery in the USA」と書かれている。アメリカ最南端のベーカリーという意味だ。

外にあるイートスペースでお昼代わりとして主力商品でもあるマラサダを食べた。マラサダは油で揚げたパン生地に砂糖をまぶした甘いパン。今では定番のハワイアンフードとしてすっかりお馴染みだが、元々はポルトガルで生まれたおやつだそうだ。

僕は今まで食べる機会はなかったのだが、外側サクサク、内側フワフワの揚げたてマラサダは予想以上に美味しかった。これは確かに人気が出るはずだと納得。オアフ島にもマラサダショップがたくさんあるし、店によって味も全然違うらしい。今度オアフ島で食べ比べでもしてみようかな。

続いてはハワイ島の中でも屈指の観光スポットへ。日本のガイドブックにはほぼ間違いなく掲載されているであろう、プナルウ黒砂海岸だ。その名の通り、白い砂浜ではなく黒い砂浜の海岸として知られている。僕たちがハワイ島国立公園に行きたくてツアーに申し込んだことと同様、ここに来ることを第一の目的として参加する人も多いだろう。

砂浜は想像していた以上に本当に黒い。この黒砂の正体は砕けて細かくなった溶岩。火山活動が活発なハワイ島を象徴するビーチともいえる。砂だけではなく所々にある大きな岩も真っ黒。青い空、青い海とのコントラストがとても美しい。砂の上を歩いてみると普通の白い砂浜よりも、なんとなく重いというか、ギュッとしまっているような印象を受けた。

決してアクセスがしやすいとは言えないこの海岸。ただ黒い砂浜だけを目的にたくさんの人が訪れているわけではない。この風景もさることながら、プナルウ黒砂海岸が人気の観光スポットとなった一番の理由、それはウミガメだ。ハワイ語で言うと「ホヌ」に会える頻度がここは非常に高いのだ。

「そんなこと言ってもなかなか見られないんでしょ？　会えたらラッキーって感じで」

なんてちょっとひねくれた発想をしていたのだが、本当にいた。四匹のウミガメが気持ちよさそうに砂浜で甲羅干しをしている。

正直「ツアーに組み込まれているし、せっかくだから行ってみようか」くらいに軽く考えていたのだが、いざ目にすると「いた！」と声が出るし、不思議とちょっとした感動すら覚えた。

ハワイではウミガメなどの海洋生物は州法などでしっかりと保護されている。そのため、観光客が近づけないよう、甲羅干しをしている周囲は「KEEP OUT」と書かれた黄色いテープで囲ってあった。これに違反して近付いたり触ったりすると罰金を科されることになる。僕たちもルールを守り、テープの外側から距離をちゃんと取って見学。少し離れているとはいえ、実際に見てみるととてもかわいい。

またウミガメはとても神聖な生き物とされていて、神からの使い、幸運を運んでくれる「海の守り神」とも考えられている。僕も一瞬で心を奪われ「本当に会えてよかった」という気持ちに完全に変わっていた。

ウミガメの見学を終え車に戻る途中、ダンに呼び止められた。駐車場のはずれにあった黒い岩をダンが指差す。

「これはペトログリフです」

よく見ると岩の表面に人のような絵が刻まれていた。文字を持たなかった古代ハワイ人が大地に残したメッセージ、とダンが片言の日本語で教えてくれた。ハワイのペトログリフにはまだまだ謎の部分が多く、この絵の明確な意味や目的は未だ分かっていないのだそうだ。

「砂浜やウミガメだけではなく、観光客にはこういうのもたくさん見て欲しいんですけどね」

と、ダンが少しだけ寂しそうな顔をしながら呟いたのが印象的だった。

プナルウ黒砂海岸から車で三十五分。お待ちかねのハワイ火山国立公園に到着した。

「ついに来たぞ!」という喜びと期待から自然と胸が高鳴り、知らず知らず顔もゆるんでしまう。

まずは入口のゲートで入園料金を払う。ゲート前に立てられたボードに料金表が書かれていた。車一台二十五米ドル、オートバイ一台二十米ドル、歩行者や自転車は一人十二米ドルといった感じ。あとで調べてみたら、一度入場料を払えば七日間有効なのだそうだ。なかなかの太っ腹。アメリカではこのような「一度払えば何日間有効」といった料金体系が多いのだろうか。

もちろん、僕たちツアー参加者は車から降りて一人一人料金を支払う必要はない。ダンが運転席の窓越しにゲートにいる係員と挨拶と談笑をした後、そのまま公園内に入った。

もしこの場に個人で来ていたら「よし、とりあえずビジターセンターに立ち寄って情報収集、そして真っ先にクレーターを見に行こう」となる。しかし今回は僕の意思ではなく、ツアーの日程通りに行動しなくてはいけないのがもどかしい。楽してここまで連れてきてもらったのだから贅沢は言えないが。

数分走った後、バンは広い駐車場に停まった。そのすぐ脇では、地面の亀裂からモクモクと白い煙が噴き出している。スチーム・ベントと呼ばれる場所だ。周囲は落下しないように簡易的な柵が作られているが、割れ目を上から覗きこむことができる。

煙が噴き出すこの光景だけ見ると、もしかしたら箱根の大涌谷のような硫黄の臭いがするのではと思う人も多いかもしれない。「卵の腐った臭い」とよく比喩される、あの独特の臭いだ。しかしこのスチーム・ベントではそのような臭いは一切しない。意外なほど無臭。ただ高温なので一気に大量に浴びると相当熱い。

この煙の正体は火山性ガスではなく水蒸気なのだ。大地に染み込んだ雨水が、地中のマグマに熱せられた岩石に触れることで水蒸気に変わり、それが地面の割れ目を通ってこうして立ち昇っているのだそうだ。その証拠に雨の日には通常時より多くの水蒸気が見られるらしい。仕組みは理解できるのだが、これほど大量の水蒸気が絶え間なく噴き出す様子を見ていると、にわかには信じられず、ただただ地球の桁外れのパワーに驚くばかりだった。

次はいよいよキラウエア・カルデラへ。スチーム・ベントのある駐車場から真っ直ぐ伸びるトレイルを歩いて行く。トレイルの周囲は緑や茶色の植物が生い茂り、あちらこちらから白い蒸気が立ち昇っているのが見える。その風景は宇宙的な壮大さもあり、違う星に来てしまったのではないかという錯覚にすら陥る。

やがて目前にたくさんの観光客が集まっているのが見えた。ハレマウマウ火口が見えるポイントに到着したのだ。

キラウエア・カルデラはハワイ火山国立公園の中で最大級のカルデラだ。そしてこのハレマウマウ火口はキラウエア・カルデラ内にある最大の噴火口。よく観光ガイドや情報サイトに掲載されているので、「キラウエア火山」と聞いて大部分の人が思い浮かぶのはこの場所だろう。

以前は直径九百メートル、深さは八十メートルほどの規模だったハレマウマウ火口。夜になると火口にある溶岩が赤く光り、その神秘的な光景が特に人気だった。

しかし二〇一八年五月の爆発的噴火により火口縁は崩落。数えきれない噴火と地震を何度も繰り返した後、約十五倍の大きさに拡大した。同年八月以降すっかり活動は落ち着いたが、火口の中にあった溶岩の姿は消え、今では静かに噴煙が立ち昇るのみとなっている。

残念ながら噴火前の姿をこの目で見ることはできなかったが、僕の心を激しく揺さぶるには十分だった。否、崩落して巨大化した今だからこそ、こんなにも感動したのかもしれない。

僕らが住むこの地球という星。その圧倒的なスケールを直接肌で感じることができる場所は、一体地球上にどれくらいあるのだろうか。少なくとも今僕が立っているここは間違いなくその一つだし、人知を超えた存在に対する畏敬の念をここまで強烈に覚えたのは生涯初だった。

このハレマウマウ火口はハワイの人にとっては大変神聖な場所でもある。彼らが信仰する火山の女神ペレがここに住んでいるとされているのだ。噴火するのはペレが怒っているからだとも言い伝えられている。

あれほどの大噴火、ペレは一体何に対して憤怒したのだろう。我々人間の傲慢さ、愚かさに対してだろうか。落ち着いた火口の奥深くで、今ペレは何を思っているのだろう。怒りは鎮まったのだろうか。もし人間がこのまま何も顧みなければ、再び怒りを爆発させるのだろうか。

僕たちは今、ペレに試されているのかもしれない。

じっくり堪能したあとは、車に乗り「キラウエア・ビジター・センター」へ。キラウエア火山の歴史や形成された歴史を学ぶことができ、巨大モニターには噴火時の貴重な映像なども流されていた。これを見てから火口に行きたかったなと思ったが、回るルートも予め決められているツアーなのだから仕方がない。

すぐ脇にはギフトショップも併設されていた。そこまで広い店ではないが、この場所らしい「火山」をデザインモチーフとした商品が多いのが面白い。その他にはウインドブレーカーなどのしっかりとした防寒服も販売されている。常夏のハワイとはいえ、山の上では相当気温が下がる日もある。それを知らずに訪れる観光客も多いだろうし、これもハワイ島ならではの商品と言えるかもしれない。

さて次は溶岩台地かなと期待していたが、ハワイ火山国立公園の見学はこれで終了、次の場所に移動するとのこと。時計を見てみると、確かにツアー工程の予定時間はもう過ぎていた。

「うーん、まじかあ」と思わず声が漏れる。

てっきりこの後はチェーン・オブ・クレーターズ・ロードに向かい、固まった溶岩に近づいたり上を歩いたりできるものと思っていただけにショックだなあ。

滞在時間は一時間ちょっと。自分が好きな場所、興味がある場所というのは時間が過ぎるのもあっという間だ。個人で来ているのではないので、これぱかりは不満を言ってもしょうがない。

後ろ髪を引かれまくっている僕を乗せ、二台のバンはハワイ火山国立公園を出ていった。


僕にとって最大の目的を終えると、ツアーは後半戦へ。

ハワイ島のオールドタウンであるヒロのダウンタウン地区、日本でも大人気のお菓子「ビッグアイランド・キャンディーズ」の本店、ハワイ島の月の女神ヒナが住んでいるとされ、パワースポットとしても有名なレインボーフォールズ（虹の滝）と回っていく。

いずれも旅行ガイドの常連で定番の観光地ではあるが、未練たらしく「ここでの自由時間をハワイ火山国立公園に充ててくれていたら」とついつい考えてしまう。我ながら男らしくないなあ。ヒロの町並みもレインボーフォールズの滝も美しかったし、ビッグアイランド・キャンディーズではちゃっかり土産を購入したくせに。

辺りはすっかり暗くなり、ツアーもいよいよ大詰めに差し掛かってきた。Tさんおすすめの「Ponds Hilo」というレストランでグレイビーソースがたっぷりかかったハンバーグステーキを食べたら、最後のイベントである星空観測へ。

ハワイ島は島全体として街灯の数をセーブしており、比較的好天な日が多く空気も澄んでいるなどの理由から、世界的に天体観測地としても知られている。僕たちのような観光客向けツアーにも星空観測がフィナーレとして組み込まれているのが一般的で、これを一番の楽しみにしている参加者も多かったはずだ。僕の隣に座る妻もその一人。

車は観測スポットとして特に名高いマウナ・ケア山方面へ。この山には世界十一ヶ国の研究機関により、合計十三基の天文台が設置されている。

実際にどこで見るかは、時期やその日の空模様からベストな位置をTさんが判断するようだ。この日、観測地点として降りたのはマウナ・ケア山の山頂に続く道の途中、横道に少し入ったところ。

心配だったのは外がどれくらい冷えるかということ。標高が高い上に夜ともなれば結構な寒さとなる。マウナ・ケアとはハワイ語で「白い山」という意味で、冬には山頂が雪に覆われることから名付けられたのだそうだ。この日はいくらなんでも雪とまではいかなかったが、ユニクロのヒートテックを着込み、その上からインナーダウンと厚手のニットでちょうどいい気温だった。

灯りがない真っ暗な世界の中で見る星空は本当に美しかった。僕は星の名前とか惑星について、皆目知識がない。すぐに分かる星座はオリオン座とカシオペヤ座くらい。宇宙についてもっと詳しく知っていたら、さらに何倍も充実して有意義なひと時になったのだろうなと思った。

星空観測を終えたところでツアー終了、解散となった。Tさんと彼が運転する車に乗る参加者とはここでお別れ。僕たちダンチームは、ダンがそれぞれのホテルまで順番に送ってくれた。僕たちが宿泊しているロイヤル・コナ・リゾートは一番後だったので、最後はダンと僕たち夫婦三人だけになった。

その車内で、

「帰り、遅くなっちゃったね」

とダンが話しかけてきた。

「いえいえ。こちらこそ一日運転お疲れさま」

バックミラー越しに返す。

僕たち夫婦はツアー中、ダンと話す機会が他の参加者よりなぜか多かった気がする。フィーリングが合ったとでもいうのだろうか。

ハワイのこと以外にも色々な話をした。

普段はアメリカ本土の「イエローストーン国立公園」でガイドの仕事をしている

こと。オフシーズンとなる冬の間だけハワイ島に来てこのツアー会社を手伝っていること。日本人の彼女と付き合っていること。彼女は神奈川県に住んでいて今は遠距離恋愛していること、などなど。

イエローストーン国立公園はモンタナ州・ワイオミング州・アイダホ州にまたがる広大な国立公園。間欠泉で特に有名だが、一九七八年に初めて認定された十二件の世界遺産の内の一つでもある。世界遺産好きにとっては是非とも行きたい場所だ。

僕もいつか訪問したいと思っていたから、ダンがそこにいると聞き、

「ホント？　じゃあ来年暖かくなったら会いに行くよ。イエローストーン案内してよ」

「オーケー。来る時には必ず連絡して」

なんて会話をした。

ホテルに着き、別れ際に握手と再会の約束をして、僕たちはダンが運転する車を見送った。

ハワイ島三日目の朝。眠気覚ましにラナイに出てみた。見下ろせる駐車場の横にはテニスコートが三面あり、笑いながら楽しそうに球を打っているグループが。見た限り、皆さん僕より年上の人たち。お世辞にも上手とは言えないレベルだから、おそらくホテルの宿泊客がレジャーとして楽しんでいるのだろうか。朝早くから元気だなあ。僕も「昨日のツアーの疲れが」などと言っている場合ではない。人生の先輩方には負けていられないぞ。

昨日に続きKONA HEAVEN COFFEEのスパムムスビとアイスコーヒーで朝食を済ませたあとは、妻のリクエストで「アイランド ナチュラルズ マーケット&デリ」という店に行ってみた。
オーガニック系のアイテムを取り揃えるスーパーで、オアフ島などにあるホール・フーズ・マーケットのミニ版のようなものかな。中はこぢんまりとしていて、ほどよいローカル感もあり、とてもいい雰囲気。惣菜などを売っているデリコーナーでは、サラダやアヒポキなどを買い求めている人も多かった。

店内には日本語表記での案内も書かれている。アクセスはやや悪いものの日本人観光客もよく来るのだろう。あとで妻から聞いたが、昨日同じツアーに参加していた日本人夫婦を店の中で見かけたらしい。「やれやれ、行動パターンはみんな一緒なのか」と苦笑してしまった。

土産用のオーガニックチョコレートなどを購入し、その足で今度はウォルマートへ。ウォルマートは言わずと知れた、アメリカ合衆国が誇る世界最大のスーパーマーケットチェーン。ここカイルア・コナにも巨大な店舗がある。

アイランド ナチュラルズ マーケット&デリからは歩いて三十分ほどかかった。道中は日陰になるような場所はほぼなく、強烈な日光をもろに受けることになる。水分補給をしっかり行いつつ、慎重に歩を進めた。さすがは「ビッグアイランド」。その広さを甘く見ていると、とんでもないことになりかねない。

朝からほぼずっと歩きっぱなしで、一旦ホテルの部屋に戻ったのは昼過ぎ。ベーシックカフェでテイクアウトしてきた昼食代わりのアサイーボウルをラナイで食べる。炎天下の散策で熱くなった身体には、冷たいフルーツとスムージーは最高の御馳走だ。

午後は日本から持ってきた水着に着替え、ホテルの屋外プールに行ってみることにした。一階にあるプールは十五人も入れば窮屈さを感じるくらいの大きさ。立派な規模というわけではないが、滞在中に混みあっている様子は一回も見ていないし、のんびり過ごせるだろう。

ビーチタオルはアリイタワー一階にあるギフトショップでレンタルできた。借りる時に部屋番号を聞かれるので、使い終わったら部屋にそのまま持ち帰り、洗面台などに置いておけばいい。ルームクリーニングの時に清掃係が持ち帰ってくれるとのこと。とても楽チンなシステム。

プールサイドに置かれていたリクライニングチェアを二つ確保できたので、フラットに近い状態まで倒し妻と並んで横になる。プールに入るのはほどほどにして持参した本を読んだり昼寝をしたり。

「結局これが南国バカンスの正しい過ごし方なんじゃないか」と思いつつ、まったりとした時間が流れていった。

サンセットタイムが近づく頃、のんびり海を眺めていたら後ろがざわざわと騒がしい。振り返ると何やら行列ができている。結婚式か何かかな?と思ったが、どうやらプール横にある屋外レストランの開店を待つ人たちのようだ。部屋に置いてあったパンフレットに「ショーを見ながら食事ができるレストラン」と書かれていたのを思い出した。その時は気にも留めなかったが、持っていたiPhoneで調べてみるとカイルア・コナでは割と知られた店らしい。

チェアに寝そべり美しいサンセットを眺める。これが正しいビーチリゾートの過ごし方。

確実に入店したいなら予約するのが必須とのこと。行くとすれば今夜が最後のチャンスだが、もうすぐショーが始まっちゃいそうだし、そもそも予約なんてしてないから入店も難しそう。次回ハワイ島を訪れる時に検討するとしよう。

やがてレストランの方から耳心地の良いハワイアンミュージックが聞こえてきた。実は僕たちがいるプールサイドからも、店内のショーの様子がちらっと見えてしまうのはご愛嬌。


ハワイ島の旅もついに最終日。羽田空港行のフライトはコナ空港午後五時十五分発。空港へのバスはすでに手配してあり、ホテルで午後二時二十分の待ち合わせだ。

それまでは昨日同様完全ノープラン。まずはKONA HEAVEN COFFEEに朝食を食べに行く。旅先で気に入った店ができると、滞在中ついつい何度も通ってしまう癖がある。店選びに迷うことも探す時間も必要ないからラクという反面、「なんか勿体ないかな」という思いを微塵も感じないと言えば嘘になる。でも食に対してこだわりのない僕たち夫婦は「またあの店でいいね」とほぼ落ち着いてしまうのが常だ。

この日もアリイドライブに面した、海が見えるテラス席を選んだ。通りの街灯には赤のリボンと金・銀・銅のオーナメントボール、フェイクグリーンとで作られたクリスマス飾りが。そういえばコナの散策中に巨大なツリーも見かけたっけ。今が年末のクリスマスシーズンだということを再び思い出させてくれた。

沖合には立派なクルーズ客船が停泊しているのが見えた。昨夜のうちに到着したのだろうか。乗客はあそこから小型ボートに乗り換えて島に上陸、観光するようだ。道沿いのＡＢＣストアの入口には「ALOHA CRUISE SHIP CUSTOMERS」の幕が掲げられていた。「クルーズ船のみなさま、ようこそハワイ島へ！」といったところか。

「豪華客船で世界一周」

旅好きならば誰でも一度は憧れたことがあるだろう。一年くらいかけて船でのんびり世界各地の都市をまわる、僕も密かに老後の夢の一つとしてずっと前からラインナップされている。

食事後は毎週水曜日から日曜日に開催されている「コナ・ファーマーズ・マーケット」に行ってみた。

ハワイ島のファーマーズ・マーケットといえば、一昨日行ったヒロのダウンタウンで開催されるヒロ・ファーマーズ・マーケットが有名だが、ここコナの町にも規模は小さめながらも市場が開かれている。南国らしいカラフルなフルーツや、手作りのハワイアン小物などが所狭しと並んでいる。すれ違うのも難しい幅の通路を歩きながら、店先に置かれた商品を見ているだけで実に楽しい。僕は玄関に吊り下げる用の「WELCOME」と書かれた木製の板、妻はハワイらしいホヌ柄のコインケースを購入して会場を出た。

次はアリイドライブ沿いの「コナ・イン・ショッピング・ビレッジ」というショッピングモールへ。雑貨屋やコーヒーショップ、レストランなどの比較的小規模の店舗がいくつも集まっていて、何度か前を通っていたが中に入るのは初めてだった。元々はホテルとして使われていた建物で、カイルア湾に沈む美しい夕日を見ることができる絶好のスポットとしても評判なのだとか。

というわけで「KONA COFFEE CAFE」という店でフローズンドリンクのコーヒーフラッペを買い、店舗の横を抜けた先にある海岸まで行ってみた。

そこには何もさえぎるものがない大海原が広がっていた。確かにここから見るサンセットはさぞ素晴らしいに違いない。滞在中に見にこなかったのは失敗だったかな。再訪の際には必ず立ち寄ろう。

それにしてもキラウエア火山の溶岩台地にしろ、昨夜のショーを見られるレストランにしろ、見逃したことが多いなあと旅を振り返る。そもそもの日程が短いというのもあるが、もっとちゃんと事前リサーチしておけばと少し後悔。とはいえ次回の楽しみが増えていくのは率直に嬉しい。またハワイ島に来る口実にもなるしね。

前の岩場では岩の隙間に手を伸ばし、必死に何かをつかまえようとしている外国人家族がいた。はっきりとは見えなかったが蟹でもいたのだろうか。

約束の時間から少し遅れてホテルに到着したバスに乗り、コナ国際空港へ向かった。空港には三十分ほどで到着。帰りもお世話になるハワイアン航空のカウンターでチェックインと預入手荷物の手続きを済ませる。セキュリティチェックを抜けると、南国らしい開放感抜群の制限エリアに出た。オープンエアな中央の広場を取り囲むように、いくつかの飲食店や土産物屋がある。空港というより、郊外のアウトレットモールのような空気が漂っていた。

一画には三人の女性がフラを踊る、いかにもハワイらしいモニュメントが設置されていた。このフラ像はとても有名で、観光ガイドや個人ブログ等に載っているのをよく目にする。その影響もあってか、この前で写真撮影をする姿も多く見られた。ハワイ島最後の記念の一枚といったところだろうか。

妻と離れ一人でこの像をパチリとしていたら、近くにいた日本人女性二人にスマートフォンでの写真撮影をお願いされた。二人の雰囲気と歳の離れ具合から察するに、お母さんとその娘さんだろうか。お父さんは近くにいたのかな？　それともお父さんは日本でお留守番中の女子旅だったのかな？　写真にはど素人の僕、撮影した一枚が彼女たちの満足できるレベルであったことを祈っている。

複数ある搭乗口の近くにはどこもベンチがたくさん設置されていて、よほどの混雑時でなければ座る場所には困らなさそうだ。柵を一つ隔てたすぐ近く、今にも手が届きそうなところに飛行機が見える。かといって無論近づくことはできないのだが、飛行機が到着した時は相当な迫力と大音量。隣に座る妻との会話もままならないほどのエンジン音だ。飛行機好きの僕にとってはこの轟音がまた心地いい。ただ柵があまりに簡易的過ぎるので、セキュリティの観点から言うと「これで大丈夫なのかな」とちょっと心配になったりもした。

八番ゲートからハワイアン航空ＨＡ８５１便に搭乗したのは午後五時少し前。午後五時十五分発でいよいよハワイ島とお別れ。

・・・のはずだった。

まさかここから長期戦になろうとは、この時思ってもいなかった。

ほぼ定時でドアクローズはしたものの、いつまでたっても機体が動き出さない。どうしたのかなと思っていると「機材の確認作業であと十五分ほどかかりそう」との機内放送。その時は「まあよくあることだよね」と軽く考えていた。

ところが午後六時を回っても、七時を回っても一向に出発する気配がない。自席についた時にはまだ明るかった窓からの景色もすっかり真っ暗に。

「機材の関係で・・・」

「燃料関連の問題で・・・」

「機体に点検が必要な箇所が・・・」

と思い出したように時々アナウンスがあるものの、徐々に心配になってきた。

座席から通路に身を乗り出し前方のビジネスクラスゾーンを見てみると、機長か副機長らしき格好をした人物が乗客と何やら話している。現在の状況を説明しているようだ。コックピットから出てきて話すなんて、日系のエアラインではまず見られない光景だろう。この何ともいえないユルさが海外の航空会社らしくて好きだなあとほのぼのする。

あれ？　でもちょっと待て。そんな呑気に考えている場合じゃないぞ。機長が客室に出てきているくらいだから、操縦席に座って待機する必要すらないってこと？

つまりこの飛行機は、まだまだしばらく飛ぶことはないのだなと理解した。

すでに時刻は午後八時。搭乗してから三時間以上が経っていた。滑走路付近までは移動してきたようだが、相変わらず離陸しそうな雰囲気はない。すると突然座席の個人モニターの電源が切れて真っ暗に。パソコンの再起動時のような表示になりまた消える。過去何度も飛行機には乗ってきたが、こんな画面は一回も見たことはない。この時には「もう無理に飛ばないでいいですよ。あと一泊コナに泊まらせてください」という思いになっていた。たぶん周りの乗客も僕と同じようなことを考えていたと思う。

そして午後八時十五分。まさか、いやようやくか、予想通りフライト中止のアナウンス。原因は油圧系統システムのトラブルとのことだった。

今後については地上スタッフから説明があるとのことで、乗客は全員飛行機を降りることとなった。振り回された感はあったけど、フライトを強行して万が一何か起こるよりはよっぽどよかったかな。

戻ってきた搭乗口エリアでは多少の混乱もあるが、みんな落ち着いて係員の話を聞いていた。詳しい時間等は未定のようだが、おそらく数時間後の別の飛行機に振替ということになりそうだ。スタッフに何かしらの説明を求めている人、詰め寄っている人も数名見受けられたが、こうなったらハワイアン航空を信じて待つしかない。無駄に慌てても仕方ない。

乗客には夕食用としてミール・バウチャーが配られた。妻の分も合わせ二人で三十米ドルのバウチャーを手に、制限エリア内にあるレストランに食べ物の調達へ。店内は大混雑の大行列。選んだのはナチョス八.五米ドルが二つと、炭酸水のペリエ四米ドル、ハワイアンウォーター三.二五米ドル、チップス三米ドルを二つ。しめて三十.二五米ドル。せっかくならバウチャー分全部使ってやろうという貧乏心。

それに税も加え、オーバーした分は残っていた現金で支払った。

店内は満席だったので、外のテーブルで食べることにした。たっぷりのチーズと刻んだオニオン、トマトが大量にトッピングされたナチョスはなかなかのアメリカンサイズ。味は「これは炭酸水ではなくビールの方がよかったな」という感じ。ごちそうさまでした。

これは余談だが、レストランの店員がとても不機嫌だった。まあこれだけの乗客が一気に殺到するわけだから、苛立つ気持ちも分からなくはない。食べ物を売ってくれてありがとうね、お姉さん。


その後、振替便のフライト時刻は日付が変わって午前一時十五分の見通しとのアナウンスが流れた。コナ空港には予備機がないため、オアフ島のダニエル・K・イノウエ国際空港から振替機が飛んでくるようだ。預けている荷物はそのままでオーケー。同型機体なので座席も当初の場所と変わらないとのことだった。

時刻は午後十時過ぎ。あと約三時間どうするか。未確認ではあるが、係員に許可を得れば制限エリアの外に出ることもできるようだった。空港近辺には他に飲食店や時間を潰せるところがあったのかな。家族や知人に迎えに来てもらえる人、車等の移動の足がある人は一度街まで戻る乗客もいたかもしれない。

他方で僕たち含め多くの乗客は、この制限エリア内で時間を過ぎるのを待つことになった。横になれる場所を探し、何とか仮眠を取ろうとする人がたくさん。中央の広場には一部芝生状の場所があり、そこでは寝転がることができたが、当然ながらなかなかの密集度。雑魚寝している人で溢れていた。

僕たちは眠るのを諦め、ベンチに座りｉＰｈｏｎｅをいじったりブログを書いたりして待つことにした。充電できるコンセントが所々にあり、バッテリー切れで手持ち無沙汰になる心配がなかったのは幸いだった。

そんな中、数人の日本人が軽食のサンドイッチやマカダミアナッツチョコレート、機内で使用されている毛布などを乗客たちに配っているのが見えた。明らかにハワイアン航空の関係者ではない。どうやらエイチ・アイ・エスやＪＴＢのような旅行会社の現地スタッフのようだ。それぞれの会社のツアー参加者もたくさん含まれていたのだろう。今回のトラブルを知り、急遽空港に駆け付けたに違いない。自分の会社の顧客だけではなく、全ての乗客に「お菓子いかがですか？　毛布いかがですか？」と声をかけてくれていた。僕たちもちゃっかり軽食もチョコも毛布もいただく。

こうした不測の事態にフォロー対応を行うのも、もしかしたら日本の旅行会社特有なのかもしれないが、異国の空港で人の温かさを感じることができた。ありがとうございます。

日付が変わって深夜一時。ようやくこの日二度目の搭乗を開始。八時間前と同じ搭乗口から搭乗し、八時間前と同じ座席ナンバーに座った。

「今度はちゃんと飛んでくれるかな」と少しだけ心配していたが、さすがに今度はスムーズに無事離陸した。

羽田空港までのフライト予定時間は約九時間との機内アナウンス。時差を考えると、羽田空港着は日本時間金曜日の朝五時四十分くらいか。これは完全に金曜日の仕事は気合いで乗り切るしかないな。

税関申告書が配られた後、機内ではすぐに温かい食事の提供が開始された。メニューは「テリヤキミートボール」か「ポーク焼きそば」のどちらか。お米が恋しい口になっていたのでテリヤキミートボールをチョイス。ほんの数時間前にボリューム満点のナチョスを食べたばかり。正直お腹もあまり空いていなかったが、いただけるものは全てありがたく頂戴するのが僕のモットー。時刻は深夜二時半過ぎ。これは夜ご飯なのか朝ご飯なのか、それとも重めの夜食なのか。満腹感と戦いながら、ハワイアンビールで一気に流し込んだ。

日本時間の早朝五時半、羽田空港に無事着陸。予定時刻通りにドアオープンされ、機外に出た。自動キオスクで入国審査を行い、預けていたスーツケースを受け取るため足早に baggage claim area へ。そこではハワイアン航空のスタッフたちが忙しそうに乗客の対応をしていた。今回の遅延のお詫びとして次回予約時に使用できるバウチャーをもらう。

「やれやれ、最後の最後でアクシデントがあったが、無事に日本に帰ってきた。これもいい思い出として笑い話にできるな」

国際線到着ロビーに出た時、僕の心にはいつもの帰国時とは少し違う安堵感が広がっていた。


羽田空港から自宅方面の高速バスに乗った。さすがに疲れと寝不足で頭がボーっとするが、この気だるさもどこか心地いい。車内には僕たち以外に十人くらいの乗客。鞄から書類らしきものを取り出し、しきりに目を通しているスーツ姿の男性もいた。出張で朝一の便で東京にやってきたのだろうか。私服姿でダラっとしている自分が申し訳なくなる。

発車してすぐ、バスの車窓から駐機しているJALとANAの機体が見えた。体はくたくたに疲れているはずなのに、もう新しい旅をしたくなっている。

「さて、次はどこに行こう。やっぱりヨーロッパかな。近場のアジアもいい。ハワイアン航空のバウチャーがあるから、早いうちにまたハワイも行かないとな」なども考えていた。

まさか翌年の二〇二〇年が新型コロナウイルスの影響であんな一年になるなんて、その時は夢にも思っていなかった。

未曽有のパンデミックが静かに、しかし確実にすぐ近くまで忍び寄っていた。

あとがき

新型コロナウイルスが世界中で猛威を奮っていた二〇二〇年の六月。ハワイ島でお世話になったツアー会社の代表Tさんから、一通の電子メールが届いた。
その文面を読んで絶句した。

『今月から営業中止といたしました』

ハワイ島にあるたくさんのツアー会社の中でも、ある程度知名度も人気もある会社だったと記憶している。そんなところでさえ、コロナ禍による観光客激減の波は容赦なく押し寄せ、そして悲しいくらいあっさりと飲み込まれてしまった。

人類が久しく経験していなかった未知のウイルス感染症という脅威は、あっという間に全世界に広がり、多くの国を国境閉鎖へと追い込んだ。

多くの日本人にとって、歴史の教科書の中にしか存在しないと信じて疑わなかった「鎖国」という二文字。これがこの二十一世紀の現代社会に突如目の前に現実として現れた。

航空会社は次々と運航を停止し、世界中の空から航空機が一斉に消えた。

今まで「国内の観光地に行く」程度の感覚で許されていた海外への道。その全てが完全に閉ざされ、観光客だけではなく、ビジネス目的や配偶者であっても入国を認められないという時期が長く続くこととなった。

二〇二〇年以降、一度も海外に行けていないという人も多いだろう。僕もその年の四月にマレーシアのクアラルンプール、七月にはイタリアのローマへの渡航がすでに決まっていたが、いずれも実現することはなく、二〇二一年の終盤となった今なお、国際線の飛行機に乗ることができていない。

もしかしたらこのまま二度と、一生海外に行くことができないのではないか、そんな悲壮感に打ちひしがれた人も多いはずだ。

もちろんコロナ禍の中でも変わらず国境を開け続けている国、ワクチン接種証明書（ワクチンパスポート）やウイルス陰性証明書の提示を条件に観光目的でも入国できる国は存在している。

しかしながら、渡航の際に必要な複雑な手続き、相手国への入国時及び日本帰国時に求められる隔離措置、そして万が一旅先で感染が判明した際のダメージを考えると、なかなか踏み切れないという人がほとんどだろう。

少なくとも今のこの状況で海外へ飛び立てるのは、最低十日から二週間以上の自由な時間を確保できる人、地球上どこにいても仕事ができる人、家族など周りの人間含めて一定の感染リスクを許容できる人等に限られているのが現状だ。

この原稿を書いている二〇二一年十二月現在、依然深刻な事態に陥っている国や地域はまだまだ多い。ワクチン接種が進み、一時は終息が見えてきたはずなのに、次々に現れる変異ウイルスの影響で再び感染が急拡大している国も少なくない。幾度かの感染の波を繰り返し、人類とウイルスの戦いは一進一退の攻防が続いている。

とはいえ、この暗く長いトンネルの出口がようやく見えてきたのも事実。

世界の多くが「ゼロコロナ」「アフターコロナ」から「ウィズコロナ」戦略に方針転換し、ウイルスと共存しながら経済活動、そして人間らしい社会生活を再開させる道を模索している。

日本でも水際対策緩和の議論は進んでいるものの「また海外旅行に気軽に行ける日」はいつになるのか、未だその具体的な時期は不透明なままだ。

それでも「あの頃は本当に辛い時期だったよね」と、キンキンに冷えた瓶ビールを傾けながら旅仲間と海の向こうで笑いあえる日が、そう遠くない未来にあると信じている。

この本が世に出る時には、限られた一部の人間だけではなく、一般の人にも広く

「海外への扉」が再び開かれていることを心から願っている。


ハワイ島で出会ったダンは今どこで何をしているのだろうか？

神奈川県に住んでいるという日本人の彼女とは今も交際しているのだろうか？

「イエローストーンで再会しよう」

その約束は今もまだ果たされていない。

二〇二一年十二月
中野　康之

中野　康之（なかの やすゆき）

1976年栃木県生まれ。

大学卒業後にアパレル業界、IT業界を経てフリーランスに。

現在は主に旅作家として活動。旅系YouTubeチャンネル『なかのの旅』、旅系ブログ『今日もどこかの世界遺産』を運営。

そこに世界遺産があるから僕は旅に出る

2022年8月8日 第1刷発行

著　者　中野康之
発行人　大杉　剛
発行所　株式会社 風詠社
〒553-0001 大阪市福島区海老江5-2-2
大拓ビル5 - 7階
Tel 06（6136）8657 https://fueisha.com/
発売元　株式会社 星雲社
（共同出版社・流通責任出版社）
〒112-0005 東京都文京区水道1-3-30
Tel 03（3868）3275
印刷・製本　シナノ印刷株式会社

ISBN978-4-434-30376-0 C0026